成約率98%の秘訣

お客様が
心の底から
YES
になる

和田裕美 Hiromi Wada

かんき出版

「はじめに」

私はかつて、「成約率98％」という嘘みたいな結果を出し、世界142カ国中第2位の営業成績を残すことができました。当時の私はただがむしゃらにがんばるだけで、まさか、あのとき私がやっていたあの営業手法が、こんなにも各方面から必要とされ続けることになるとは想像だにしていませんでした。

実は今、私のところには、あらゆる業種の企業や個人の方から講演やセミナーの依頼がきています。そして、この手法を学んだ多くの人たちがどんどん結果を残し、あっという間に売れる営業へと変わっていっているのです。

もちろん、個人のがんばりがあってこそですが、「こんなに売れるようになるなんて！」と、自分でもびっくりするくらい変身する人たちを見て私自身、この「成約率98％の秘訣」は他にはない、唯一の営業手法だと自信を持てるようになりました。

ところで、圧倒的に売れる営業と、売れない営業の違いって何だと思いますか？

それは、クロージングができるか、できないかです！

本書は同じタイトルのクロージングの会話集DVDの内容をベースにして、読みやすく、かつより深くつくり上げたものです。「和田さんのトークをそのまま暗記して、お客様の前で話したら途端に売れるようになりました！」などと、このDVDには歓喜の声が多数寄せられています。

「でも法人営業向けにも使えるの？」「うちは保険だからやり方がちょっと違うかもな……」と、思われる人もいるかもしれませんが、そんな心配はまったくいりません。なぜなら、法人だろうが、個人だろうが、相手は同じ生身の人間。人の心を動かすということにおいては、どんな商品やサービスであってもこの「秘訣」は活用できるのです。

保険、不動産、化粧品、フィットネスクラブ、歯科、計5つの業種を例に、よく遭遇する場面を再現しています。一瞬ひるみそうな「NO」に対して、どう対応したらいいのか？お客様をわくわくさせながら、「YES」に転換するにはどうしたらいいのか？　本書には、「やりがちなNGトーク」を紹介した上で、「YESを引き出すトーク」を〝具体的〟

に列挙しているので、読めばその答えが見つかります。**やり方は簡単。まずは、あなたが扱う商品に一番効果的と思うトークを選んで、そのままコピーしてみるだけ。それだけで劇的に売れるようになります。**

うん⁉　……あれ、そこのあなた、まだ不安そうですね？

あなた「はい、……上手いこと言って、本を読むんだくらいで、できるはずないでしょ？」

和　田「もちろん、読むだけではダメ。読んで行動して自分で『なるほど』と実感していくことで体得できるんです」

あなた「その、行動ができなくて困っているんですよ」

和　田「やってみるだけ、ただそれだけです。何が怖いですか？」

あなた「だって、できなかったら？　失敗したら？　時間もお金も損するのは私です」

和　田「うふふ。大丈夫です、損なんかしません」

あなた「なぜですか？」

和　田「それを知って体験できているから。何もしないよりずっと大きなものを得ているんです」

あなた「でも……やってみて自分に向いていない方法だったら、時間の無駄でしょ？」

和　田「あはは、どんなものだって食べてみないとわからないし、食べてまずかったら吐き出すだけ。自分に合わない味だとわかっただけでもすごい進歩。失敗じゃなく、経験です」

あなた「経験……」

和　田「そう完璧な準備なんていらないし、完璧な結果を求めなくていいんです。とにかく、一番大切なことは、自分で体験するってこと。あなたが行動すれば、あなたは変われるってことです」

あなた「私が変わる……」

和　田「そう、行動しない限り人間は成長できないのです。あの……あなたは本当に結果を出したいのですか？」

あなた「もちろんです！　だから悩んでいるんです」

和　田「本当に、本当に？」

あなた「しつこいですね。はい……本当です！」

和　田「だったら、あとは自分の身体を使ってやってみるしかない。まだ、起こってない未来を心配して指をくわえていても人生は何も変わらない。なりたい自分を目指して行動するしか方法はないんです」

あなた「私なんかにでも、できるのかなあ……」

和　田「できます。今まで結果が出ていなかったのは途中であきらめたか、自分の可能性を疑ったか、もしくはあなたに合った方法じゃなかったから。それだけです。あなたに能力がないわけじゃない。行動の先に必ず答えがあります、どっちに転んでもあなたは成長できます。損はしない、絶対に。どうです、自分を信じて前に進みますか？　それとも、今までと同じ場所にいますか？」

あなた「そうですね、前に進みます。やってみます！　この本を買います！」

……と、いうのがクロージングです。

2015年5月吉日

営業コンサルタント　和田裕美

成約率98%の秘訣　もくじ

Prologue あなただけに教える98%の秘訣

Chapter 1 和田式クロージング術

Chapter 2 和田式クロージング事例

Chapter 3 成功率98%になるための心がまえ

カバーデザイン●井上新八
本文デザイン●二ノ宮 匡(ニクスインク)
DTP●白石知美(システムタンク)
協力●両角晴香

Prologue

あなただけに教える98%の秘訣

売りたいならクロージングスキルを磨け！

私が最も売上をあげていたときの成約率は98％でした。これは100人の人に会ったら98人がイエスになったという数字です。

一般的な成約率が30％と言われますから、信じられないくらいめちゃくちゃ売れたということです。

あまりにも驚異的だったためか、いつしか周囲の人はまるで不思議なものを見るかのように、私の結果を「和田マジック」と呼ぶようになったのでした。

さて、どうしてそんなに売れたのか？

そのマジックの種明かしをみんな聞きたがるわけなのですが、それは決して「マジック」なんかではありません。

その秘訣こそ、実にシンプルな「クロージングスキル」にあったのです。

クロージングとは締結を求めることです。

「買いますか？　買いませんか？」と選択肢を与えて、「今、決めてください」とお客様の背中を押すことです。

人は失敗したくない、損をしたくないと思っています。

クロージングをかけずに、営業が断られるのを怖がって曖昧にしてしまうと、お客様は決断を先伸ばしにしてしまうのです。

そして、決断を先延ばしにするから、人は変われないし、夢や目標に一歩たりとも近づくことができないのです。

私は目の前にいるすべての人が、夢に近づく一歩を心から進んでほしいと思っています。

どうせ、一度きりの人生なのだから、どんなことだって目の前にチャンスがあれば、つかんで動いてほしいと心から願っています。だから即決を堂々と求めました。

その結果が98％なのです。

もちろん、いきなり押し売りのように、「今、決めてください」と詰め寄ったりしてはクレームが出るだけです。

話し方、聞き方、外見などに加え、クロージングに至るまでの商品説明やその他の基本的なことをきちんと順番にやっておくことが当然のことながら必要となります。繰り返しになりますが、どんなにいい「説明」をしても、クロージングをかけていなければ、よほどのことがないかぎり契約には至りません。

大事なことは、相手を心からわくわくさせて、お客様の意思で「買う」という選択をしてもらうこと。

決断を迫るのではなく、「決断すること」をチョイスしてもらう方法です。

もしあなたが本気で「98％」の成約率を出したいと思うなら、クロージングを徹底的にマスターする以外に道はないと言っても過言ではありません。

とはいえ、元はど素人だった私にできたことですので、そんなに高度なことではありませんし、今までたくさんの人がクロージングを強化することで、売れる営業に変わり、さらにはトップセールスになっています。

どうか、あなたも信じて、まずはやってみてください。素直にやってもらえれば、かなり確実に結果を出せると思います。

それから、この本のChapter3では、クロージングに入る前の営業の基本の心がまえをお話ししています。**営業が初めての人、基本がなっていないと自分自身で思う方は、ぜひ、Chapter3から読み進めてくださいね。**

それではここから、クロージングにフォーカスして、具体的でわかりやすくお話ししていきます。ぜひ、「YES」が生まれる瞬間を体感してください。

和田式・営業基本動作とは？

実は、営業には確実に成果につながる「順番」があるって知っていますか？　これを「営業基本動作」といいます。

クロージングの具体的なテクニックに入る前にこの順番について、簡単に説明しておきますね。

コミュニケーション能力や、わくわくするイメージを膨らませることをお伝えしていると「営業って右脳的なものなんだ」と思う人が多いのですが、営業で確実に結果を出せるようになるには、むしろ、このような「順番」や、しっかりした理論つまりは、左脳的な側面が土台になっています。

この営業基本動作は、かつて世界１４２カ国で３００年以上も実践され、結果を出

営業基本動作

営業の流れ		お客様の流れ
第1ステージ 探す	[見込み客選び] ・マーケティング ↓ ・アポイントメント	出会う ↓
第2ステージ 説明する	[ニーズを聞く] ・コミュニケーション ↓ [即決アプローチをする] ・第1クロージング フロントトーク※ ↓ [商品説明をする] ・プレゼンテーション ↓ [締結を求める] ・第2クロージング	相談する ↓ ほしくなる ↓ 買う ↓
第3ステージ フォローする	[継続のためのケア] ・アフターフォロー	顧客になる ↓ ファンになる

※商品説明に入る前に行うクロージングトークのこと。「これから商品説明をしますので、もし気に入っていただけたら今日決めてくださいね」と決断をほのめかす。プレゼンの「前」に行うことで、お客様は営業の話に真剣に耳を傾けてくれるようになる。

し続けたブリタニカという会社のものをベースにつくられています。

人の心理の変化、信用を積み上げていく過程を鑑《かんが》みて、「どのタイミングで何を言えばイニシアチブがとれるのか」「買いたい気持が一番高くなるのはどのあたりか」などを考慮してつくられたすごいノウハウなのです。

それを、10年という営業生活のなかで、私なりに少しずつ改善し日本版に進化させました。

ではさっそく、その流れをご説明しますね。P17の図を見ながら読み進めて下さい

● 第1ステージ……探す

〈見込み客選び〉

・マーケティング
↓

・アポイントメント

まずはマーケティングをし、見込み客選びをします。

「チラシをまく」「SNSを活用する」「電話でアプローチする」など方法はさまざまですが、職種に合わせて、最も集客効果のあるアプローチで営業をかけていきます。

お客様に少しでも興味を持っていただいたら、すぐにアポイントメントをとります。「どこで」「誰に」「どのような方法で」出会うのか？　しっかり考えて行動します。

この段階では、第一印象と見込み客発掘のための行動量が大事になってきます。

●第2ステージ……説明する

〈ニーズを聞く〉
・コミュニケーション

お客様と対面して最初に行うことは、ニーズを探るための「コミュニケーション」です。

相手の立場に立って、心から相手を知りたいと思います。その上で聞き上手になり、質問をして「どうなりたいのか？」というニーズを探り、わくわくした未来のイメージを提案していきます。

ここで押さえておきたいポイントは３つ。

- **お客様の現状を知る**
- **お客様が聞きたいことを知る**
- **お客様がわくわくするツボを知る**

お客様がどんなライフスタイルを送っていて、その商品を得ることでどんな「わくわく」を期待するのかを、心から知りたいと思うことです。

そうすることで信頼が生まれ、お客様と心がつながります。

〈即決アプローチをする〉
・第1クロージング　フロントトーク
（商品説明に入る前に行うクロージングトークのこと）

お客様のニーズを把握したらすぐに商品説明に入りたいところですが、ちょっと待ってください。

商品説明の前に1回目のクロージング（フロントトーク）を行います。

実は、和田式のクロージング術は、商品説明の前と後ろに「クロージングのサンドイッチ」を行うことが最大のポイント。

これにより98％という高い成約率を実現しています。

「今から商品説明をしますので、もし気に入っていただけたら、今日決めてくださいね」と、決断を意識する言葉を必ず言うのです。

これを商品説明の〝前〟に行うことで、相手が真剣に耳を傾けてくれるようになります。

〈商品説明をする〉
・プレゼンテーション

次の商品説明では、自分の言いたいことをしゃべりすぎないこと、**あくまでも「お客様が聞きたい情報だけ」を伝えるようにします。**

知っていることは何でも、1から10まで語りたくなってしまうものですが、相手にとって、どんないい情報でも興味がなければ退屈以外の何ものでもありません。

〈締結を求める〉
・第2クロージング

次に2回目のクロージング（締結）をします。

1回目のクロージングが「商品が気に入っていただけたら決めてください」という条件つきのクロージングだったのに対し、**この2回目のクロージングは、具体的なお金の話をして、最終選択、つまりは決断をしてもらいます。**

お金の話はほとんどの人にとってハードルがとても高いもの。

予備知識として競合比較や相場感を説明しておくことも大切です。その上で正々堂々と金額をお伝えします。**加えて、金額以上の付加価値をいかにして伝えるかも重要です。**

ここまでくれば、お客様本人が前に進んでみないとわからないので、あとは契約を結ぶしかない段階になります。

●第3ステージ……フォローする

〈継続のためのケア〉

・アフターフォロー

「継続しないビジネスは本物ではない」というように、まさに今までたどってきた段階がどのような形になって、残っていくかを決めるのがフォローです。

契約がとれた営業は「おめでとう！」と言われ、次の新規開拓を行うことが多いのですが、**忘れてはいけないのは契約を結んだことが営業のゴールならば、契約をしたその日がお客様のスタートになるということです。**

購入後からも、しっかりとそのお客様の満足度アップに意識を向けて、「買ってよかった」という実感をさらに高めてもらえるような行動をしてほしいのです。

ですから、契約を結んだお客様に、後日メールや電話で「その後いかがですか?」「きちんと使えていますか?」「こんな方法もありますよ」などのお知らせをしたり、実際にお客様に会いにいって世間話をするなど、とにかくつながりを持つようにしましょう。

そうやってせっかく生まれた「関係」を大事にしていくと、いつのまにかお客様が「ファン化」をしていき、そうなれば1人のお客様が何回も買ってくれたり、こちらから頼んでいなくても「こんな人いるんです」と紹介がやってきます。

これがフォローです。

必ず価値を伝えてからお金の話を

営業基本動作の全体の流れは、ざっとですがこんな感じです。

もちろん、業種によっては順番が変わるときもあれば、人の得意、不得意によって比重が変わったりもします。

ですから、自分なりの方法でアレンジしても大丈夫です。


ただし、ここだけは気をつけてほしいことがあります。


それは「商品説明の前にお金の話をしてはいけない」という普遍的なルールです。

これは別にお金の話を隠せとかそういうことを言っているのではなく、人は「価値」を感じる前に「価格」に意識がいってしまうと、とたんに未来へのわくわくがしぼんでしまい、「高いから無理」「お金がもったいない」という感情が出てきてしまうからです。

たとえば、あなたが家具を見に行ったとします。

値段を見る前に気に入ったソファを見つけてそこに座ってみて、「ああ、これが我が家のリビングにあったら、みんなで映画を見られるなあ。ちょっとしたお客様を呼べるなあ。部屋全体が明るくなるなあ」と、思い浮かべて値段を見たら、予算より高いと知りました。

この流れだと、あなたは「ちょっと無理したら買えるかな。買おうと思っていたコートを我慢すれば買えるなあ」と、どうやったらそれが買えるか考えるようになります。

けれど、家具を買いに行った。いいなあと思ったソファが目に入り、先に値段を見たら予算より高かった。

「うわ、高っ！　これは無理だよね」と苦笑いして、座ってみることもせずに、あなたはその場をそそくさと去って、もっと安いものを探そうとするはずです。

もちろん、高いソファなどいらないという選択だってあります。高いソファのほうがいいとも限りません。

けれど、価値を先に感じたほうが、より自分のわくわくした気持に素直に向き合えて、幸せな気持が大きくなります。

価値を先に感じてほしい。

だから私は、お金より先に価値を膨らます話をするのです。

それでは、和田式クロージング術スタートです。

Chapter

1

和田式クロージング術

「買いますか？」「買いませんか？」と聞けているか？

拒絶を恐れず、
決断を迫る勇気を持て！

この章では、和田式クロージング術と名づけて、考え方と具体的な方法を学んでいきます。

営業の「売れない」には、いろいろな理由があります。

「マイナス思考」「コミュニケーションが下手」「第一印象が悪い」「声がぼそぼそ」「商品のことを学んでいない」「そもそもやる気がない」など……。

これらは、そもそもの原因ですが、「真面目でいい人なのに、売れない」とか「やる気もあるし、がんばっているのにそれほど売上が上がっていない」という場合、そのほとんどは、本人が「クロージング」をかけていないことが原因です。

要は「買いますか？　買いませんか？」と、面と向かって聞けていないということです。

もちろん、今すぐにほしいというお客様は、そんな質問をしなくても、即「買います」と自ら言うかもしれませんが、そうでもない人は「今日でも、明日でも、いつでもいい」のですから、「買いますか？」「買いませんか？」と聞かれないと決断するきっかけを持てませんよね。

だから、契約にいたらないわけです。

では、なぜそもそも、

「買いますか？　買いませんか？」

「決めますか？　決めませんか？」

という、とても重要な決断のきっかけになる質問ができないのでしょう？

その一番の理由は拒絶が怖いからです。

決断を迫れば、新しいドアが開きます。けれど、そのドアの向こうは受諾の「ＹＥＳ」かもしれないし、拒絶の「ＮＯ」かもしれない。「ＹＥＳ」のドアを開けたいという気持以上に、できれば「ＮＯ」のドアは避けたいという気持ちがあります。

そんなの臆病だと思われるかもしれませんが、私はこの拒絶が怖いというのは、よほどの鈍感でない限り、普通のことだと思います。

なぜって、私もそうだったからです。

たとえば、「いりません！」と言われただけで、そのお客様からは商品やサービスをただ断られただけなのに、自分を否定されたように受け止めてしまっていました。

だから、まずはクロージングのノウハウとかテクニックを身につける前に、自分の内側にある「拒絶が怖い」という感情を理解し、この気持ちを越えていくことが、第一歩となってきます。

お客様はあなたを拒絶したのではなく、「買うこと」を拒絶しただけです。

あなただけでなく、誰だって臆病なのです。

自信を持って、決断を促す質問をしてください。

売れる営業は「自分にも」クロージングをかける

即決する習慣を身につける

「優柔不断な人は売れません」と言うと、「そうか、私って優柔不断だからダメなんだ……」とがっかりしてしまう方もいるかもしれません。

でも心配しないでください。

かく言う私も、たぶんみなさん以上に、もともとは優柔不断で先延ばしするタイプでした。でも、何とかなりましたから、大丈夫。

ただ、大丈夫になるためには当然のことながら、まず自分の行動を変えていく必要があります。

自分が決めることができないのに、人に「決めろ」と言うのはおかしな話ですよね？　要は「人に言う前に、己の行動を直せ」ということです。

新人営業の私がとった行動は、意識的に「自分に」クロージングをかける習慣をつくっていくことでした。

その習慣は、今ではすっかり身について自然にやっています。

まず、「ほしいな」と一瞬でも思ったものがあった場合は、それを手にとってわくわくするかしないか感じてみます。

そして「ああ、やっぱりわくわくするなあ」と感じたら、つべこべ言わずに決断するのです。

たとえば、本を一冊買う場合、正直、本を買う余裕もないときだってあったから、「ああ、この1300円で、お弁当2食分食べられるな」とか考えちゃうわけです。

でも、読みたい、わくわくする！　と思ったら、「今、これを買っといたら、明日すごい結果が出るかもしれない」とか、「今このチャンスを逃したら、多分もう本屋に来ないだろう」なんてことを想像する。

「今、この場で即決する」ための〝YES〟を自分のなかにいっぱいつくって、前に進むことを正当化して、「よし！」と勢いをつけてレジに向かいます。

「たかが本で？」と思った方もいるかもしれないですが、いつも「また、今度でいいや」と先延ばしにしていた人間にとっては、まさにこれは大きな決断になるんです。

洋服を買うときも同じ。

手にとったり試着したりして、わくわくしてきたら自分にクロージングをかけます。

「これを着て明日、わくわくした気持ちで営業回りをすれば、すごい成績が上がるかもしれない」「こんな大きな買い物をしたら、きっとしばらくは無駄遣いしなくなる」とか。

「ちょっと高いな……」と金額で躊躇したときには、「このバッグを3年間、毎日使ったとしたら、1日の単価100円か……うん、安いよね！」と、減価償却的な発想をもって、**自分で自分の背中を押して決断するのです。**

結果的にそれらの買い物はすべて私のテンションを上げてくれて、営業成績も上げてくれました。結果、買って大正解でした。

もちろん買い物だけじゃありません。

人に言うべきことがあるとき、自分の道を決めるという大きな決断をするときも、自分で自分の背中を押します。

「今、言わないと一生後悔するよ」「今、断らないと何も変われないよ」「今、やると決めないと人生を棒にふるよ」と自分にクロージングをかけました。

自分の行動や習慣を根っこの部分から変えていき、実体験として「わくわくしたら、動いたほうがぜったいにいい」という結論に私は達しました。

だから偽りなく、心の底から「わくわくしたら前に進んでみてください！」と真っ正面から言えるようになったのです。

大切なのは、「あのときこうしていたら……」と、あとになりぐずぐず言わないこと。

自分がもともと優柔不断で本当に良かった、と今では思っています。

だからこそ、人が決断をするときの恐怖をすごく理解できますし、目の前で決断できずにうんうん唸っている人の背中を押せるのです。

日本人の80~90%以上が、嫌われるのが怖い優柔不断タイプ。そんな人の気持を理解できるのは　やはり同じタイプの人だけですし、そしてそんな人の背中を押せるのは、それを克服してきた人だけです。

あなたがもし、「私って優柔不断だわ……」と思っているならば、逆にラッキー。チャンスがそこにあるってことだから大丈夫です!

人が決められない心理を崩す

お客様の不安心理を知ると、効果的に売りやすくなる！

自分にだんだんと決断力がついてくれば、今度は相手の心理を理解する段階です。
ステップが上がると、今度は新しい発見が生まれます。

物を買うときに思うこと、

①もっと安いものがないかな?
②もっと良いものがないかな?
③この営業のこと本当に信じていいのかな?

この「決められない3つの不安」が心をよぎります。

①もっと安いものがほしいという心理を理解する

私は先日、引っ越しをしました。

そのときに1社から見積もりを出してもらったら、思ったより高かったので、「もっと安い業者さんがあるかも？」と思って、もう1社からも見積もりをとりました。

家電量販店でも「違うお店のほうが安いかもしれない？」と思い、値段を確認しにわざわざ足を運んだり、Ｗｅｂサイトで事前に「安いもの」をチェックしたりしています。

この「どうせ買うならより安く」という欲求は、まるでゲームの勝ち負けのような要素なのでお金が有り余るくらいある人もこのゲームをやりたがります。

つまり、人は「損をしたくなく、1円でも得をしたい」のです。

だから、この感情を理解している家電量販店さんは、「お隣の○○カメラさんのお値段を言っていただけたら、それ以下にお値引きします」ということを提案するのです。

だって、そう言われたら、決めてしまいますよね。

最安値で買った自分が賢く思えて、勝ったような気になって嬉しいのですから。

②もっと良いものがほしいという心理を理解する

もちろん、比較するのは金額だけではありません。

前述した引っ越し業者さんの件では、私は「段ボールは無料で何個ついてくるの?」とか「テレビの設置はしてもらえるの?」など、「もっといいサービスがある業者がないかな?」と探していました。

不動産など人生で大きな買い物ともなると、その家が世界に1軒しかない出会いだとわかっていても、「もっといい物件が出てこないかな?」と考えてしまう。

さらに言うと、結婚相手や就職先なども同じことです。

もっといいものが出てきたら、今買うことで損をするので、決断はまさに博打なんですよね。
「よりいいものを買ったほうが賢くて勝ち！」という心理が出てきます。

この感情を理解している不動産屋さんは、
「家探しはタイミングとご縁です。もっといいものが出て来るのではないか？　と探し続ける人がいらっしゃるのですが、たいていの場合は探し疲れてしまいます。あちらを立てればこちらが立たずと言いますが、見つからないことが多いのです。この地域で、この広さで、この値段で、というのはこれしかありません。良い出会いだと私は思います」

とあえて、「もっといいもの」を探す相手の心理を口に出します。そうすると不安が消えていくのです。

③営業を本当に信じていいのかな？　という心理を理解する

この3つ目の不安は通常、相手とコミュニケーションをとっていく段階で信頼感が生まれて自然に消えていくはずのものです。

しかし、消えるはずの不安がなかなか消えないままずっと営業に対して警戒されている場合があり、そんなときはクロージングがどうのという以前の問題になるので、ここもしっかり理解しておいたほうがいいでしょう。

何度も引き合いに出して悪いのですが、先ほどの引っ越し業者さん、そもそも私が「もっと安くていいものがあるかも」と思ったのは、その担当の人に好感を持てなかったからです。

その担当の人はクレーム対応がしっかりしているなど、自社のことばかり話していました。いろいろと質問したいことはあったけど、こちらの言葉を遮るように話を展開していくので段々と話を聞くのさえ億劫になって、途中から「早く終わらないかな」と、そればかり考えていました。

さらに、送られてきた見積もりのメールに、正直に「他者さんにも見積もりを出してもらってからお返事します」と返信すると、それきり返事が来なくなったり……。

とにかく対応が悪かったのです。

対応が良く、信頼のおける人であったら、金額が他の業者のほうが安くても、「せっかくのご縁だし」と思って人柄で選んだと思います。

営業ですから、売りたくて当たり前。ノルマがあれば焦ってくるし、昇進がかかっていれば、なおのこと達成したいものですよね。

とても基本的なことですが、自分のことばかり話さず、相手の話をよく聞き、敏速に対応するなど、相手をハッピーにすることを念頭においてください。

また、過去に強引に売りつけられそうになったとか、嫌な営業のイメージがトラウマになっているといったケースでもこの3つ目の不安が大きく出てきます。

そんなときは、

「私がこの仕事をしているから、商品のいいことばかりを言うんだと思われるのは当然ですが、私はそんな器用でないので、本当にいいものだと心から思っているものしか、おすすめできないのです」

と、前段階であえて言っておくとお客様の不安が消えます。

お金の話をするのが苦手な人はお金を稼げない人である

やっぱりお金は大事。
「稼ぐことは正義」と心得る

さて、今までもクロージングにおいてとても重要なことを書いてきましたが、本当の意味でクロージングのクライマックスはこれからです。

何よりも大事なことは、今から話す「お金のハードル」を越えてもらうということです。

山登りで言うと、「みなさん、ここが難所の斜面です。この難所を越えたらあとは平坦な登りです。がんばりましょう！」みたいな感じ。

足腰じゃなく、心をさらに鍛えて挑んでください。

そう、心を鍛えてと言いました。

どのように伝えるのかという方法の前に、まずは心にあるお金の観念を変えていくところからです。

セミナーでも「お金の話が苦手で……」という人が少なくないのですが、それこそノーマルな日本人的な反応だと私は思っています。

日本人には日本人特有のお金に対する観念があるからです。

「お金じゃないよ」というほうが美しく潔いとか、「足るを知る」ということに精神的な美しさを感じるとか、とにかくお金に対して謙虚すぎるというもの。

もちろん、その観念はすばらしいもので、だからこそ、奪い合いになりにくかったり譲り合いの精神があったりして、いいこともたくさんあります。

しかし、当たり前のことですが、営業は売上を上げる仕事です。

ボランティア活動じゃないんだから、何かを売るときは堂々とお金の話をしないといけません。

そんな観念をもっていたら、お金を使ってもらうことに罪悪感が生じてしまってクロージングなんかできっこないのです。

だから、すべての営業職の人は、今すぐ「お金はたくさんほしいな」と素直に思ってください。

「お金は使えば使うほどなくなっていくのではなく、使えば使うほど何かの価値を生むのだ」と肯定してください。

1万円のコース料理を食べたら、お金は減るのではなくて、ちゃんと1万円分堪能し、その料理がどのような盛りつけで味つけなのかを知ることができたのです。

たとえ、それが美味でなかったとしても、「食べログでは高評価だったけれど、自分には合わないとわかった経験ができた」と価値を探す。

損したのではなくて、得したと考えるのです。

私は部下によくこう言っていました。

「ねえ、お金をどんなに持っていたとしても、それをどんなふうに使うかは自分次第なんだよ。自分のために使ってもいいし、難病の治療薬の開発に投資してもいい。自分の大事な人が病気になって、海外での手術代金が1000万円って言われたとしたら、払える人でいたくない？〝お金がないから、あきらめます〟って、言う？お金を稼ぎたいと素直に思ってください」と。


きれいごとではありません。

足るを知るの「たる」は自分の器、つまりは「樽」です。最初から自分の「樽」をあまりに小さく見積もっている人が多すぎます。


お金を稼ぐことも使うことも、すばらしいことです。


「老後のために貯蓄します、だからほしいものを我慢して生きています」という人がときどきいます。

「おじいちゃん、おばあちゃんになるまで？」と聞くと、「はい」と答え、「老後の楽しみにとっておきます」と言うのです。

「今、やりたいことや、体験したいことはないの？」と聞くと、「はい、ありますよ。でも、もったいないですしね」

「えっ？？？　もったいない？」

「今は余裕がないんです」と。

この会話をどう思いますか？　本当に今、お金を使うことはもったいないのでしょうか？

私は、**人生の時間をすべて老後のために生きるほうが、何倍ももったないと思うのです。「もったいない人生」にならないように、しっかりお金と向き合って、稼ぐことと使うことが正しいのだと、思い込んでください。**

プレゼンを、クロージングで「サンドイッチ」する

クロージングは「2回」が鉄則

さて、ここからはいよいよ具体的な和田式のクロージング術をお伝えします。

多くの営業の方は、クロージングを「1回」ですませているのではないでしょうか？

私は、営業の基本動作でもお伝えしましたが、プレゼンテーション（商品説明）の前に1回目のクロージングを行い、商品説明のあとに2回目のクロージングをする、“クロージングサンドイッチ”という手法を使っています。

つまりは、

第1クロージング（フロントトーク）〔パン〕

↓

プレゼンテーション（商品説明）〔具〕

↓

第2クロージング（ここでご契約をいただく）〔パン〕

という流れです。

なぜ、こんな面倒くさいことをするのか？　というと、**実はこれによりお客様が決断をしやすくなるからです。そして、何よりも「商品説明」を、お客様が真剣にきちんと聞いてくれるようになるからなのです。**

たとえば、1回目のクロージングをしなかったとします。

そうすると、商品説明の際に「どうせ今日は決めるつもりじゃなかったし、また説明を聞けばいいや」と相手が思うことがあります。

そのため、こちらの話を聞く態度が悪かったり、いざ、クロージングしようとしても、真剣に話を聞いてもらえず、「いや、今日はいいです」と言われてしまうこともあります。

では、1回目のクロージングがあった場合は、どうなると思いますか？　たとえば、

「○○さん、私もいろいろな人にお会いして、説明をしないといけないので、○○さんに同じ説明をそう何回もできないんです。だから、今からお話しする内容を聞いて、もし気に入っていただいたら、ぜひ今日決めちゃってください。でも、気に入らなかったら遠慮なく断っていただけますか？　よろしいですか？」

と話すと、お客様も商品説明を聞くときはより真剣な態度となり、こちらの話も伝わりやすくなります。

このような、最初のクロージングを通称「フロントトーク」と呼びます。

先ほどもご説明したように、人が「今決められない理由」を模索し始めるのは、〝お金〟という現実を突きつけられ、さらに決断を迫られたときです。

それを短い時間で即決しろと言われれば、誰だって抵抗感を覚えるものです。

ですから、商品説明（プレゼンテーション）の前段階でフロントトークを行い、いったん「決断」について意識してもらうといいでしょう。

これにより、お客様にあらかじめ覚悟をしていただくことになります。

「切り離し」トークでお金と内容をわける

お客さんが迷ったら、
お金の話はいったん横におく

商品やサービスの説明（プレゼンテーション）をしたら、あとは実際のご契約内容や、どのプランにするか、ご自身に合わせた金額の払い方などの話を進めていく段階です。

簡単に言うと、ここからあとはお金の話になります。

ただここでは、焦って早急にお金の話をしないほうがいいでしょう。

先ほど、〝お金の観念〟を変えようという話をしましたが、まだまだ、お客様のほうには「お金は払いたくない」とか、「お金がなくなってしまう」という考えが残っているからです。

これを取り払うために、この段階で丁寧な準備が必要なのです。

私は営業時代に何千という人に「お金の話」をしてきました。

その経験から、お金というものはその人の本質をあぶり出してしまうものだとつくづく思います。

余裕でお金を払うことを楽しむ人もいますが、そんな人はごくわずかで、たいていの方は笑顔が消えたり、無口になったり、そわそわしだしたりと今までの空気がガラッと変わってしまうのです。

だからこそ、私はここで「切り離し」という方法をとります。

お客様に、「今までは商品の話だったけれどここからはお金の話ですよ。しっかり区別してくださいね」と確認するのです。

そうすることで、お客様が悩んだときに「内容が気に入らない」のか「お金の問題か」を分けて考えてもらうことができます。

こうすれば、話が複雑になりにくいですからね。

「切り離し」をするには、以下の質問を投げかけるだけ。

「あとはお金の話なんですが、お金以外で、何かわからないことありますか？」

そして「そうですね。タダならやりますよ」とお客様が言うと、「わかりました。

じゃ、あとはお金のことだけですね」と切り離します。

そのあとは、
「じゃあ、あとはお金のことだけなので、今から組み合わせによってのプランをご説明していきますね」
「実際の毎月の支払いのプランについてご説明しますね」
「実際のパッケージと期間について説明させていただきますね」
「契約について、ご説明させていただきますね」

というように、展開していくのです。**この流れをつくることでお互いがシンプルな思考になれるので必然的に決断も早くなります。**

お客様の未来を一枚の絵に描く

営業が鍛えるべきは「豊かな想像力」

「切り離し」ができたら、いよいよクロージング。実際の金額の説明になります。

が、その前に実はもうひとつあります。

それは、「相場確認」と「ふくらまし」です。これも先にするかしないかで、結果がまったく違ってきます。

まず、「相場確認」。

金額を伝える前に、相場観を知ってもらいます。よく部下にもこんなふうに説明していました。

「なぜ相場を知ってもらう必要があるかって？　それはたとえば、アフリカから来た人が、住まいを探そうとして、東京の不動産屋さんに行って家賃を聞いたら、あまりの高さにびっくりして気絶してしまうでしょ。ショックが大きすぎて、もう帰ろうってすぐにあきらめてしまうかもしれない。でも、最初に相場を伝えておいたら、まあ、高い。ショックはショックだけど、だいたいいくらくらいと知っているだけで、心の準備ができていて冷静になれるよね」と。

大げさに話をしていますが、**「○○さん、これ、だいたいの相場ってご存知ですか?」と、ひとつ質問を入れるだけです。**

そこで「知らない」と言われたら、「実はこれくらいがだいたいの相場なんです」とお話をして、「知っている」と言われたたら、「そうですか。ではだいたいのことはおわかりですね」と言うだけ。

拍子抜けするくらい簡単ですね。

「切り離し」→「相場確認」の流れをつくると、流れがスムーズで確実です。

そして、その相場を比較しながら、いかに商品に付加価値があって、お得なのかということを次に話していきます。

要は「付加価値」で膨らましていくわけです。

これを、「ふくらまし」と私は言っています。

たとえば、あなたが1台100万円のピアノを売っていたとします。

お客様がせっかく買ったのに使用せず、家にただおいていていては100万円の価値は下がってしまうけれど、たとえばこんな未来の話を想像します。

お子さんがピアノに興味を持ち、毎日ピアノを弾くようになり、ピアノが上手になって音楽の感性が伸びて、さらにはその子が音大に行く。作曲家になったり、ピアノの先生になって、独立し教室をオープンさせる……。

こんなふうに、むくむくと妄想が膨らんでいきます。

ピアノを購入することは、その代金の100万円以上の価値があり、プライスレスなわけです。

たかが妄想って？

いいえ、この物語は、商品を買わなかったなら100％生まれない話です。

お客様に「100万円以上の価値があるものを、たった100万円で買うのだ」ということに気づいてもらう。これを「ふくらましトーク」といいます。

このふくらましトークをすることによって、相手は100万円が安く感じてきます。そこで、お客様ご本人が「安いかも」と思ったら、「あとはやってみてください」と、ポンと背中を押すだけです。

「ふくらましトーク」に必要なスキルは、豊かな想像力です。

ジャパネットたかたの創業者の高田明さんも、ただ家電の性能を紹介するのではなく、商品を手にすることで得られるわくわくな未来を想像して熱く語っていますね。

私の営業セミナーでは、「お客様の未来を一枚の絵に描く」というトレーニングをしています。

頭のなかだけで、どれだけ想像しようとしても、なかなか難しいものがありますが、絵にした途端にどんどん想像が膨らんでいくからです。

それをそのまま言葉にして、お客様に伝えればいいのです。

また、「ふくらましトーク」には、無料のものをいったん有料化して、もう一度無料にするという方法もあります。

たとえば、「メンテナンスはタダです」「いつでも24時間質問できます」など、無料のサービスは、最初からありがたみが薄いですが、「通常○○円のものが今ならついてきます」と、いったん有料化して伝えるものです。

こうすると、価値がふくらみますよね。

YES! SO THAT法

まずは相手を肯定、
それから提案

クロージングのやり方は、人によってさまざまです。

もちろん、それぞれの方法を決して否定するわけではありませんが、少なくとも私のやり方とは大きく異なります。

たとえば、応酬話法「YES BUT法（イエス・バット法）」という、一般的によく知られた方法があります。


カメラ教室に通うか、どうか迷っている人がいれば、

「忙しくてカメラ教室に通う時間がないのですね。でも、時間はつくれます。みなさん同じように忙しい方ばかりですが、何とか飲みに行ったり映画を観に行く時間を減らして努力されてがんばっていますよ」


車がほしいけれど、迷っている人がいれば、

「予算オーバーでいらっしゃるのですね。でも、本当にほしいと思うなら、お金とい

うものはつくり出すものです」

などと、「でも」で切り返していくものです。

つまり、最初にYESと肯定しておいて、そのあとで「お客様間違っていますよ」のBUTでせめていく話法です。

この手法、実は私はとっても苦手です。

「でも」と言われると、私は抵抗を受けている気がして、不愉快になってしまいます。私の器が小さいのかもしれませんが……。

だからこそ、私は「YES SO THAT法（イエス・ソーザット法）」という方法をおすすめしています。

「でも＝BUT」の部分を「だから＝SO THAT」に置き換えるだけです。

たとえば、先ほどの例でいうと、

「忙しくてカメラ教室に通う時間がないのですね。だからこそ、カメラの知識を深めてスキルアップしてほしいんです！　仕事が2倍、3倍速くなって、いろいろな工夫も生まれて効率もばっちりです」

このように、お客様を否定するのではなく、一度肯定し、そこからさらに、お客様のプラスになるような提案を加えるわけです。

ドアを閉じるのではなく、ドアは開けておく

最後はお客様の意思で決めてもらう!

一般的な営業のクロージングは、よく本などにお客様が逃げられないよう、「NO（お客様が買わない理由）を消していく」というような、どんどんドアを閉じて、逃げ場をなくしていく方法が書かれています。

私はこれも、実は苦手です。

何かを決断すること、それもお金がかかることにおいて、人はやっぱり迷うわけです。こんなことを言うと、営業のくせにと言われそうですが、世の中で売られている商品のほとんどは、「どうしても買わなければいけないわけではない」「買わないと死ぬわけでもない」ものだらけです。

だから、私はあえて、「買わない」という選択のドアを開けておきたいのです。

その上で、堂々と聞きたい。「やる」「やらない」、どっちのドアへ進みますか？　と。

「でも私……」とお客様が言うのであれば、焦らずに気がすむまで話を聞けばいいだけです。不安をたくさん聞き出すと、悪影響が出ないか心配する人もいますが、気がすんだら、だんだんお客様の心が晴れて軽くなって決断できる前向きな状態になるので、大丈夫。

ではなぜ、わざわざ選択肢を残してお客様に選んでもらう必要があるのか？

それは、「自分で選んだ」という感覚が残っていないと、あとで何かにつまずいたり、うまくいかなかったときに、「だってあのとき○○さんが言ったから……」と責任転嫁してしまうからです。

自分で決断できず優柔不断で責任がとれない人は、営業に限らずどんな仕事においても「仕事ができない人」です。

しかし、自分が決めたことなら、たとえ失敗しても他人のせいにはしないし、人間的な成長も大きいはずです。そういう人になってもらいたいと願うからこそ、私は「自分で選んだという意識づけ」を行っています。

Chapter

2

和田式クロージング事例

少しの工夫で「断り文句」を打破できる！

さて、Chapter2では、クロージングの場面で、どのように会話を繰り広げていけばいいか、を実際のシチュエーションを想定して進めていきます。

ここに掲載されている例は、セミナーなどの受講生の方から質問を受けたもので、ご本人にいつものようにやっていただき、そのあと、私がダメな点を指摘し、こうしたらもっと良くなるということをお伝えしてきた実際のものです。

営業泣かせの場面で、どのようにアプローチすればいいのか？

5つの業種（保険営業、不動産営業、化粧品営業、フィットネスクラブ、歯科医師）をシチュエーション別に取り上げ、やってしまいがちなトークの失敗例と、私ならどう切り返すのかの成功例を比較・検証します。

お金の心配、時間の心配、続けるための環境があるかなど、お客様のお悩みはさまざま。これまでに、営業基本動作やクロージングの方法などをお伝えしましたが、業種やお客様のニーズによって、順番通りにことを運べないときもありますし、状況によっては、商品説明に入る前に、順番を変えて金額の話を先にしたほうが良いケースもあります。

まるで、舞台の台詞のように言葉の1つひとつを丸暗記した部下や営業セミナーの受講生が、次々と売上を伸ばしている実践的なトークでもあります。

ぜひ、そらで言えるようになるまで何度も読み返して、覚えたものを片っ端から実践してみてください。

たった一言工夫するだけでもお客様の反応は変わります。きっと、現場に立つのが楽しくなるはずです。ポイントとなるのは、お客様の不安な心理にどのように寄り添い、提案にもっていくのか。序盤、中盤、終盤と3つに分けて段階を追って解説していますので、お客様の心の移り変わりについても注目してみてください。

case

01

保険営業▼他社の営業とお客様の信頼関係が抜群な場合

「友人にすべて任せていますので……」と言われたら

シーン説明

お客様からご友人の加藤さんを紹介してもらいました。しかし、加藤さんは他社の保険に紹介で、すでに加入されているとのこと。さらによくよく聞いてみると、その保険の営業担当は大学時代からの友人で、もう10年の仲だそうです。

「友人づき合いがあるから、他の保険に入るのは難しい」というお客様には、どのようなご提案をすればいいでしょうか？

まずは、契約にいたらなかった失敗編から見てみましょう。

×やってしまいがちなトーク　失敗編

営業：今日は、お忙しいところありがとうございます。加藤さんにとってメリットのあるお話だと思うので、ぜひお聞きくだされぱと思うのですが。

加藤：はい……友人にもっと安いものはあると聞いたので、話だけでもお聞きしてみようかと思っています。よろしくお願いします。

営業：今ご加入中の保険は、内容をちゃんと理解した上で入っていますか？

加藤：いえ、お恥ずかしながら内容は、ほとんど知らないんです。大学からの友だちに任せっきりで……。

営業：なるほど、信頼できるご友人なんですね。でも、もしかしたら私のお話がプラスになることもあるかもしれないので、20〜30分お時間をとってもらえればと思うのですが。

加藤：あ……はい。

営業：まずは、どういう経緯で今の保険に加入されたのか教えてもらえますか？

加藤：若いうちから入っておけば、掛け金が安くなるみたいなことだったと思います。

営業：なるほど。保険を新しいものに見直されたいと思ったことはないのですか？

加藤：ネットで比較する程度ですね。友人にすべて任せていますので。

営業：では、今のプランでもいい、これで安心ということですか。

加藤：そうですね、そこまではわからないんですが……。まぁ、長年のつき合いがありますから。

営業：もし、これからお話をさせていただいて、もっと安くて良いものがあれば、切り替えとかされたいですか？

加藤：いや、そこまではまだ考えてないんです。今日は話を聞くだけのつもりでしたので、友人との関係もあるので今はやはり難しいと正直思います。

営業：そうですか……。前向きに検討していただければお話もスムーズなんですが、では機会がありましたらお話しさせてください。

加藤：（ほっとした表情で）わかりました。

▼解説

お客様はおそらく警戒しながらも「話を聞くだけなら」という気持でいらっしゃったようです。**そんなお客様に対していきなり商品の説明もせず「YES」を求めれば、お客様はどんな心理になるでしょうか？**

さらに営業の言葉のなかには「決めよう、決めよう」という自分よがりな前のめり感が表れています。どうでしょう？　あなたがお客様だったら、帰りたくなってしまいませんか？　私ならこのようにするという一例を序盤、中盤、終盤と3つにわけて解説しますので、失敗編と比べてみてください。ただし、先を読む前に「私なら、こう言う」という自分なりの言葉を少し考えてから読み進めてください。

○YESを引き出すトーク　成功編

［序盤］最初から「逃げ」モード。どうやって話を聞いてもらえる空気をつくるか？

和田：今日は、わざわざお時間つくっていただきまして、本当にありがとうございました。今、ご友人の紹介でA社の保険に入っていらっしゃるとか？

加藤：はい。そうなんです。

和田：いろいろとご友人関係もあると思いますので、今日は加藤さんにとって一番お得な保険の選び方などを可能な範囲でご説明しますね。金額も安くなったほうがいいですよね？

加藤：それはもちろんです。

和田：じゃ、とりあえずいくつか質問させてください。ええと……その保険はどれくらいの期間加入されていますか？

加藤：そうですね……5～6年でしょうか。

和田：加入されたときは、各社さんの話を聞いて選ばれたんですか？　それとも、お友だちの話だけ聞いて即決された？

加藤：友だちの話だけですね。

和田：比較されて選ばれたわけじゃないんですね。

加藤：はい……。

和田：あの、率直にお聞きしますが、その営業担当のお友だちとはかなり仲が良いほうですか？　たとえば月に一度くらいはお会いになったりとか？

加藤：いいえ、そういえば保険に加入してからのここ数年は年賀状のやりとりだけになってしまっていますね。

和田：そうですか……。いや、気になったのは、あまりにお友だちと距離が近いのであればそのご関係もあるし、それって保険の内容よりも大切なものだと思うので説明を控えようかと思ったんですよね。

①たぶん話を聞いちゃうと、加藤さんはきっと保険を変えたくなっちゃうと思うんですよ。

加藤：（興味津々な面持ちで）ええっ、そうなんですか？

和田：だって、どんな人でももっといいものがあるなら、そっちのほうが良くなるじゃないですか。

加藤：それはそうですよ。

和田：今、お話を聞いたら、他社と比較しないで決めたということだったので。あえて他のものをご紹介しちゃうと、「こんなに良いのがあるのに紹介しないなんてあいつ〜！」と、なっちゃわないかと思い……。

加藤：ははは。

和田：お友だちなのに失礼かもしれないですけどね、私は加藤さんにとってもっといい商品があると思うんです。私も保険の仕事は長くやっていまして、**②保険のことは自分なりに勉強してきているのですが、その人の人生プランによっても、何を重視されるかによっても、ずいぶん内容が変わってくるんです。だからやはり、その方にとってのベストのものを見つけるためには、ご本人としっかりお話ししながらでないと決められないんですよ。**

加藤：へぇー。そうなんですか！

和田：はい、たとえば、加藤さんはお一人ですよね。保険っていろいろありますけど、お一人なのかご家族がいるか、子どもが何歳かとか、加藤さんにとって一番条件の良い保険というのがあるんですよ。そういうお話はお友だちから聞いてないですか？

加藤：聞いてないんですよね……。

和田：じゃあ、**③せっかくですからお話しさせてもらおうかな？　聞いちゃいますか？**

加藤：はい、ぜひ聞かせてください！

和田：では、お話ししますね。

解説

①たぶん話を聞いちゃうと、加藤さんはきっと保険を変えたくなっちゃうと思うんですよ。

今回のケースは、最初からご友人に気を遣っていらっしゃるので引き気味のスタートですよね。そんな状態で人は営業に「ぜひ話を聞いてください」とつめ寄られると、さらに「買わされるのでは？」と警戒心が強くなってしまうのです。だからここでは、お客様自身がどうしても聞きたくなるような流れにもっていく必要があります。

「聞いてください」ではなく、「聞きたいなら話してもいいんですけど」という態度であえてもったいぶったほうが、お客様は前のめりに変わるのです。

②保険のことは自分なりに勉強してきているのですが、その人の人生プランによっても、何を重視されるかによっても、ずいぶん内容が変わってくるんです。だからやはり、その方にとってのベストのものを見つけるためには、ご本人としっかりお話ししながらでないと決められないんですよ。

多くの人は損をしたくないし、もっと得をしたいと思っています。だからこそ、もっと良いベストがあるかもと言われれば、その話を聞きたくなりますよね。

私はどっちの商品がいいとかこっちのは良くないとか、そういうことは、言及しないようにしています。 商品にはそれぞれの利点があるので、人の価値観によって変わってくるからです。だからこそ、あえてここでは「あなたにとっていいものを一緒に見つけたい」という意味を含んだ言葉を選んで使っています。

③せっかくですからお話しさせてもらおうかな？　聞いちゃいますか？

今までの会話で一貫してつくった流れは、お客様ご本人の口から「聞きたいです」と言ってもらうことです。ご友人のことを気にされている以上、無理に話を聞いてもらっても決して良い結果にはなりません。自分の意思で「話を聞いてみよう」と思ってもらって、ようやく土俵に上がってもらったことになるのです。

笑いが起きて楽しい空気になってきたところで、ようやくお客様に「聞きたいです」と言ってもらうための質問をしました。

「自分で決めた」という流れをつくることが大事なのです。

POINT

まずは「もし、自分が相手の立場だったなら、どんな気持だろうか？」と考えてみることです。この場合、私ならば友人を裏切ってしまう罪悪感でいっぱいになっていると思います。ですので、その状況を心から理解し「あくまでも可能な範囲でいいので話を聞いてください」と、相手が罪悪感なく聞ける状態に持っていくことが鍵になります。その上で「もっと得したいな」という本音に訴求し、お客様のベストな状態を探していきます。

[中盤]「友だち」に負ける理由をしっかり潰す

和田：ではですね、今からいろいろ商品の説明をさせてもらおうと思うんですけど、やはりお友だちとの関係がいざっていうときにネックになると思うんですよね。

加藤：はい、確かにそうですよね。

和田：そうですね……。やっぱりひとつだけ確認しておきたいのですが、もしも、加藤さんが④**お友だちに「もっといい保険があったからそっちにするよ」って言ったら友だちの縁を切られてしまいますか？**

加藤：えっ？　いや、さすがにそれは……ないと思いますけど。

和田：ああ、そうですよね。ほっとしました。そんなことで切られたら友だちじゃないですよね？

加藤：はい。そう言われたらそうですよね。

和田：仮にお友だちがトヨタのカーディーラーに勤めていて、でも加藤さんは日産がほしくなったら、加藤さんはお友だちのメンツを保ってトヨタを買います？

やっぱり自分がほしい車、日産を買うかどっちが良いですか？

加藤：う〜ん、自分のほしい日産を買うよなあ。

和田：やっぱり行っちゃいます？

加藤：ははは、行っちゃいますね。

和田：先ほどお話しするのを躊躇したのは、きっと加藤さんはお優しいので断ったりお友だちを傷つけたりするのは、すごく辛いんじゃないかと思ったのです。

加藤：キツイです、ホント……。

和田：そういう気持ちがあるからこそ、これまであいいやって、今の商品を続けていらっしゃると思うんですが。

加藤：そうかもしれません。

和田：でもね、加藤さんの今のプランを拝見させていただきましたけど、やはりもっといい商品を見つけられるし、もっと良いプランになるんですよ。金額も安くできるので、毎月もっと楽になりそうです。ただし、その葛藤を越えていただきさえすればですが……。

加藤：うーん。

和田：この際です。お友だちに断ったからといって友人関係が切れない自信があるのなら、逆に「お前もっとがんばれよ！」って、「もっと俺にちゃんと説明してくれよ」って、そのお友だちを育てるつもりで、浮気しちゃったらどうですか？

加藤：あはは。

和田：だって、私がもし友人の経営するレストランで食事して、他のお店のほうがおいしかったら、正直に教えてあげたいです。言わない優しさもあるかもしれないですけど、私は言う優しさをとりたいから。

加藤：確かにそうですね。

和田：押しつけかもしれないのですけど、私も真剣なんです。加藤さんにとってもっと良い物があるのにもったいないです。

加藤：はい。

和田：切れるわけではないお友だちの関係うんぬんよりも、まずは加藤さん自身の人生がもっともっと良くなることに、⑤**まずは自分のためにお金を使ってほしい**

です。気を遣って誰かのために「いい人」になっても、自分が犠牲になっていては意味がありません。

加藤：ああ、痛いとこつかれましたね、そうですね、本当にそうですね。

和田：友だちだからとかそういうこと一切抜きにして、まずフラットに考えていただきたいのです。**⑥自分にとって一番いいもの、自分の将来にとって一番いいものを選ぶのです。**よろしいですか？

加藤：はい、わかりました。

和田：そうしたら、改めて、こちらのプランでどうでしょうか？

加藤：よし！　わかりました。これでお願いします。

▼解説

④お友だちに「もっといい保険があったからそっちにするよ」って言ったら友だちの縁を切られてしまいますか？

ここではあえて私はドキッとする踏み絵のような質問を使いました。

この関係が本物か、ただの都合のよい「しがらみ」なのかをご自身で気づいてもらうための大事な質問です。決断をして前に進むときには、捨てないといけない「しがらみ」もあるのです。

⑤まずは自分のためにお金を使ってほしいです。気を遣って誰かのために「いい人」になっても、自分が犠牲になっていては意味がありません。

⑥自分にとって一番いいもの、自分の将来にとって一番いいものを選ぶのです。

誰かに遠慮して、自分の好きなように生きていけない人は、とにかく優柔不断になります。こういう人の多くはなかなか決断できないのです。**「いい人」とはまずは「自分のため」に生きている人であり、自分が幸せで自由だからこそ、相手のために生きることができるのです。**

だからこそ、こういう方には、自分のために生きるって、すばらしいんだよとお伝えするようにしています。

POINT

ここでは、加藤さんが「今の状況」、つまりは今ネックになっていることだけにフォーカスをして、自分にとって良い選択をすることに対して、罪悪感を感じないようにできる気づきを起こす質問を入れています。意識の上で問題になっている「つっかえ」が取れれば、ようやく何の気兼ねもなく、彼が思う「自分がいいと思う商品」を選んでもらえる段階になります。

[終盤]お客様の行動を固める

加藤：では、契約します。

和田：ホントですか？　お友だちは大丈夫ですか？　加藤さん、こんなにいい人だから、すぐに言えなくなっちゃうじゃないですか？

加藤：あの……正直、今すごく迷ってます。

和田：あっ、決心揺らぎましたね（笑）。無理しないでくださいね。

加藤：言うのは辛いです。断っても友だちの関係は切れないにしても……うーん。

でも、和田さんとも契約したくなってきました。

和田：うわ〜、ありがとうございます。でも、お友だちの関係がかなり危ないということであれば、私のほうは断っていただいてぜんぜん構いません。

ただね、もし私のプランを選んでくださるのであれば、先延ばしにすればするほど言いにくくなりますよ。

加藤：そうなんですよね。

和田：でも、加藤さんはそこまでお友だちのことを思っているのに、お友だちが営業に困ったら、もっと「お願い」が来るかもしれません、たとえば「前の保険にこの特約を上乗せしてほしい」とかね。加藤さんはいい人ですから、NOが言えないお友だちになってしまう。非常に使い勝手がいい友だちです。なんだかそれってフェアじゃないですよね？

加藤：ああ……。

和田：たとえば⑦**「気になっている保険がある」「断ったら、お前との縁切れる？」ということを一度言ってみて、お友だちの説明を聞いた上で、私の説明と比較**

するのはフェアですよね？

加藤：おっしゃる通りです。

和田：ぜひ聞いてみてください。お友だちはきっと、「切れないよ」と言うと思うんですよ。

加藤：そうですね。がんばります。

和田：本当は、違う保険に変えるってことを律儀に言うこともないんです。「理由は聞かないでほしい、とにかく解約させてくれ」と言ったらいいんです。こう言っても嘘は言ってないし、そのほうが相手は何も言えません。もし、「なんだよそれ」と友だちが怒ったとすれば、それってフェアじゃない関係だったとわかっただけです。

加藤：それなら言えるかもしれないです。

和田：じゃ決定です、勇気を持って言ってください。その上で私のほうを断っていただいてもぜんぜん構わないです。選択枠のひとつに私の商品を入れておいていただければいいです。加藤さんには自分で選ぶ権利があるので。

加藤：はい、わかりました。

和田：言えますか？　お友だちに。

加藤：はい。

和田：じゃあ、⑧**電話しますよ（電話をかけるふりをする）？** 言えたかどうか。だって、ほら、先延ばしにするでしょ？　加藤さん優しいもん。

加藤：そうですね。

和田：うん。⑨**いつ言います？**

加藤：あの、このあとすぐに。

和田：ホントですか？　じゃあ信じて待っていますので、もう一度比較して、自分の未来を自分でつくってくださいね。

加藤：はい。わかりました。

▼解説

⑦「気になっている保険がある」「断ったら、お前との縁切れる？」ということを一

度言ってみて、お友だちの説明を聞いた上で、私の説明と比較するのはフェアですよね？

今回のケースでは、契約をしたあとにご本人に乗り越えてもらわないといけないハードル（ご友人）があります。

ですので「契約します」と言われても相手の確実な〝決意〟が見えてくるまでは、ハードルを確実に越えるような気づきの質問を投げかけていきます。

⑧電話しますよ？

⑨いつ言います？

どんなに決心しても勇気が必要なことをするには勢いをつける必要があります。一瞬でも躊躇するとますます怖くなってしまうからです。だからこそ、ここでは、「えいやっ」という気合いを入れてもらうために、あえてプレッシャーを与えています。

ただし、この台詞は言い方が大事です。内容によりけりですが、あまり緊迫した状態で言うと、相手は追いつめられているような気持になり緊張してしまいます。

文字ではわかりにくいかもしれませんが、**冗談のように笑顔で、さらりと言うのがコツ。**「これってそんなにたいして難しいことじゃないでしょ」というニュアンスを込めています。

POINT

この場合、「契約をする」という決断だけでなく「友人に断る」という行動も必要になるケースです。ですから、相手が「契約をしたい」という意思表示をしても、すぐに飛びつかず、具体的なアクションプラン「最初にしなくてはならない行動」に、まずは促します。また、ここでは終始笑顔で楽しい空気をつくってください。このトークを深刻な空気で展開すると、まったく逆効果で契約がなくなってしまう可能性もあるので注意してください。

まとめ

1 「絶対お客様は私がハッピーにする！」と信じ込む

引き気味の方や警戒心が強い方にも、決して遠慮しすぎないことです。正々堂々と、もっとよい情報、もっと喜んでもらえる情報を提案してこそ相手のためになります。遠慮をしても相手を幸せにはできません。

2 心に雲がかかったままで商品の説明をしてはいけない

お客様の心に、不安のため雲がかかった状態だとどんな情報も不安というフィルターを通すため、お客様は素直に受け入れることができなくなってしまいます。焦らずに相手の立場になって「こんなとき私だったらどんな気持ちだろう？」「お客様にとって、何が一番良い方法なのか？」を理解し共感してください。すると、信頼が生まれます。

3 相手が経験のないことをやろうとするときは行動のお膳立てをする

営業経験のない人は「売ろう」と決めても、いったい何から手をつけていいかわかりませんよね。同じように、お客様もあなたが売っているサービスや商品に対して、ほぼ未経験で何からしていいのかよくわかっていません。だからこそ、「まずはこうしましょう」と具体的な行動や期日を決めていきます。どんな人でも最初は行動のお膳立てがあると始めやすいもの。不安も消えていきます。

case
02

不動産営業▼第三者に購入を反対されている場合

「親に〝マンションなんて大きな買い物、苦労するわよ〟と言われまして」と言われたら

シーン説明

中学2年生のお嬢様と奥様の3人暮らしをされている鈴木さん。お嬢様の受験にむけて一人部屋を与えてあげようと分譲マンション購入をご検討されています。担当営業も必死になってご希望に沿った物件をいくつか紹介し、ようやくお嬢様も奥様もすごく気に入って全員が納得のいく物件を見つけることができました。

ところが、いざ契約というときに鈴木さんのお母様から「ローンが払えなくなったらどうするのか?」などと反対されてしまい、鈴木さんは不安になって次第に買う気が失せてしまったようです。こんなとき、営業担当はどのように接すればいいのでしょうか。

まずは契約にいたらなかった失敗編からチェックしてみましょう。

×やってしまいがちなトーク 失敗編

鈴木：家族は気に入っているのですが、母が「本当に家を買う必要あるの？」なんて言うんですよ。そう言われると、家を買うって一生に一度のことですし、ローンを背負っていくのが怖くなってきたんです。

営業：はい、大きな買い物ですから、何かと不安がありますよね。

鈴木：そうなんです。

営業：でも、不動産は巡り合わせなので、待ったからといって、必ずしも今以上に条件の良い物件が出てくる保証はありません。悩めば悩むほどお子様の受験に向けて時間もなくなることですし、いろいろ考えすぎると決断できなくなってしまいます。それにあの物件はかなりの人気の物件ですので、「やっぱあそこに」と思ったタイミングでは空きがある保証はありませんよ。鈴木さん、チャンスを逃してしまいますよ、いいのですか？

鈴木：うーん。でも今決めてしまって、後日、新聞で素敵な物件の広告を見たら「正直こっちにすれば良かった」と思ったら、悔しいです。母にも心配されていますし、全員が一致するまで待ったほうがいいのかなって。子どもが通う塾のことを考えると、もっと駅に近い物件のほうがいいかなと思わなくもないんです。

営業：なるほど。しかし、買うのも住むのも鈴木さんです。お母様ではありません。言いなりにならないほうがいいのではありませんか？

鈴木：いや、そう言われても……。

営業：せっかくここまで探したのですから決めてしまったほうがいいかと。

鈴木：……。

営業：それに、前にも言いましたが、今ですと消費税が上がる前ですので、こんなに安く……。

鈴木：いや、やっぱりもう少し考えます。あの、考えてからまた連絡します。

営業：えっ？　あ、あの、では、ぜひ前向きにご検討ください。

▼解説

もし、あなたが鈴木さんだったら、この会話の流れで「やっぱり買おう」と思うでしょうか？　営業が本当に自分のために言ってくれているように感じるでしょうか？
おそらく、そうは感じないですよね。それ以上に営業が焦っているような気配を感じて、だんだんテンションが下がってくるはずです。

一番の失敗は営業がいきなり、「チャンスを逃してしまいますよ、いいのですか？」と決断を迫っていることです。

このように不安を解消しないままに決断を迫ることは、お客様の不安をさらに増大させてしまうので、逆効果です。
それを証拠に、鈴木さんは営業の言葉によって「この担当はいい物件だから言ってくれているんじゃなくて、自分の成績のために言っているんじゃないか？」という不安を膨らませ、「子どもの塾を考えると駅から遠い」とさらなる〝買わないほうがいい理由〟を探し始めてしまったのです。

こういう状況では、まずはお客様の不安ととことん向き合って、営業が相手の状況を理解し、相手の気持に沿ってみることです。共感することがないままに不安は解消

できません。

◯YESを引き出すトーク 成功編

［序盤］悩みを分解して優先順位を明確に

鈴木：家族は気に入っているのですが、母が「本当に家を買う必要あるの？」なんて言うんですよ。そう言われると、家を買うって一生に一度のことですし、ローンを背負っていくのが怖くなってきたんです。

和田：そうですよね。やっぱり「家」って大きな買い物ですからね。みなさん心配されるのは当たり前です。

鈴木：やっぱり親に反対されると、いざというときに頼れなくなったりするので、ここはきちんと意見を聞いたほうがいいかなと思って。

和田：はい、そのほうがいいですね。鈴木さんのご希望と折り合いがつけばいいですよね。ちなみにご両親は、持家ですか？

鈴木：持家です。

和田：それは、ご両親がおいくつのときに購入されたかご存じですか？

鈴木：私が子どもの頃ですから30歳ぐらいでしょうかねえ。

和田：わあ、ちょうど今の鈴木さんと同じくらいの歳で買われたということなんですね。

鈴木：ああ、確かにそうですね。そういえば、自分たちが家を買ったときにすごく苦労したと、母からよく愚痴を聞いていました。まあ、そういうことも心配して賃貸でいいじゃないかって言うんですよね。

和田：私、無理にすすめる気は一切ないんですよ。家族の理解ってすごく大事だし、鈴木さんのおっしゃるように、お母様との円滑な関係って大事ですものね。その前提を踏まえて、もう一度確認したいのですが、**①鈴木さんご自身はどうですか？　お母様のご意見を尊重したい気持と、お嬢様のために購入したほうがいいというお気持ち、どちらがより大きいですか？**

鈴木：いや、やっぱり娘のことを考えると購入したいですよね。

和田：そうですよね。奥様もお嬢様も、あの物件すごく気に入ってらっしゃいましたものね。

鈴木：はい、そうですよね

和田：家を持つということで家族の絆が生まれるわけですよね。

鈴木：そうですね。

和田：なるほど。では、お嬢様の環境を整えることも大事、お母様との関係も大事という板挟みですね〜。②**では、ちょっと優先順位をつけましょうか？**

鈴木：あ、はい。

和田：まず、お嬢様が勉強できるよう環境を早く整えること。一刻も早くお嬢様に一人部屋をと思っていらっしゃる気持ち……。

鈴木：うんうん。

和田：それが優先順位の一番なのであれば、それを選んでください。

鈴木：はい。

和田：あるいは「母親の意見を尊重する」という気持ちが一番であれば、賃貸のままという選択をしてください。優先すべきはどちらですか？

鈴木：やはり、親としては子どもの環境を整えることを一番にしたいです。

和田：そうですよね、私も同感です、やっぱりお嬢様の未来が一番ですよね！

解説

①鈴木さんご自身はどうですか？　お母様のご意見を尊重したい気持ちと、お嬢様のために購入したほうがいいというお気持ち、どちらがより大きいですか？

人は何かの抵抗（この場合はお母様の意見）にあうと「できない理由」を必死で探してしまい、本来の目的を見失ってしまう傾向にあります。**ここはまず、鈴木さんの状況と今の気持ちを理解した上で、整理していきます。**

「言いなりにならないほうがいい」とか、「これから値上がりします」とか、相手を否定したり、煽ったりする営業は余計にお客様の感情を逆なでしてしまい、売れないどころか、嫌われてしまうので気をつけたいところです。

②では、ちょっと優先順位をつけましょうか？

鈴木さんは「母親の意見を尊重すること」と「子どもが成長できる環境を早く整えること」の間に立って揺れているわけです。そして、本来の目的を見失っています。しかし、冷静になれば、どちらが大事なのかわかります。

すでに鈴木さんは答えが、心の内側にあるのです。その内側の答えに気づきを起こすために、二者択一の質問で自分の心を俯瞰してもらいました。そして自分の人生にとって「最高の選択」とは何かということをご自身で見つけてもらったのです。

POINT

「迷っている人には俯瞰させる」というのが大事なポイントになります。

同じ不動産を例にすると、最初は「広いところに引っ越ししたい」という明確な目標があったのに、いろいろと物件を見ているうちに、だんだんと「広いと高いし、払えないかもしれない」と、最初の目的を忘れて迷走するのです。

また、「誰かに反対された」「不安なことを言われた」など、外部から影響を受けてしまうと、わくわくした心に雲がかかって見えなくなってしまいます。「母親の意見」

という小さな点から「自分の目的」という大きな点へ視点移動をしてもらうような質問をし、ご自身で気づいてもらうよう誘導することが大事です。

[中盤]「これが一番大事だ!」を改めて実感する

和田:広さや、利便性、金額、なかなか100%という物件は出てこないんですが、鈴木さんの検討されているこの物件は、ご予算やさまざまなご希望にかなりマッチしている物件ですよね。こういう巡り合わせって、本当にすごいんです。タイミングですからね。

鈴木:はい、そうなんですよね。

和田:「お嬢様のために」ということですが……仮に今、決断されたとしてもいろいろな手続きをして、引っ越しとなるまではどんなに急いでも今月というのは難しくて、最低でも2カ月はかかってしまうんです。またリフォームすればさらに1カ月先になります。ですから、今からまた新たな物件を探すとなると、実際に住み始めるのはもっと先になってしまいますよね。

鈴木：そうですよね。でも「もっといいのが出てくるかも」「大きな買い物だし失敗できない」みたいなプレッシャーを感じてしまって、なかなか決断できないんです。

和田：はい、もちろんもっといい物件が早く見つかる可能性もあるんですよ。ただ今回も、一緒に2カ月かけてお探ししましたので、ちょっと先になってしまうのが心配です。今回の目的は受験という期限があるものです。この時期の**③お子さんにとっての半年はとても大きいと思うのです。**

鈴木：そうですよね。考えている間に終ってしまう。

和田：いろいろな不安はあると思うのですが、あの家を奥様とお嬢様がご覧になったとき、すごくうれしそうでしたよね。「ああ、キッチンがこんなに広くなる」「自分の部屋ができたらこんなカーテンがいい」ってわくわくされていました。私は、あの笑顔に勝る「もっといいもの」なんてないように思うんです。**④ご家族の「笑顔の時間」を1日でも早く持つことのほうが、会えるか会えないかわからない可能性を待つよりもずっと大事だと思うんです。**

鈴木：そうですよね。

和田：あとね、鈴木さんもずっとお若いわけではないですものね。ローンの年数を考えますと、早くからローンを組むほうが歳をとってからローンを払い続けるよりずっと楽ですよね。

鈴木：それは確かにキツイです。ははは！

和田：これは私の意見ですが、支払いのこともそうですし、単純に間取りとか、日当たりとか、アクセスとか、景色とか、周りの静かさとか、かなり満点に近い物件だと、自信を持っています。

鈴木：はい。

和田：そして、夏休み中に引っ越しをすませて秋からお子さんも落ち着いて勉強に取り組めるようにされるのが一番いいって思っているんです。

鈴木：うん、まさにそうですね。

▼解説

③お子さんにとっての半年はとても大きいと思うのです。

お子さんの勉強環境を整えると言っても、「大学卒業後に部屋を与える」では意味がありません。どれだけ落ち着いて学べる環境を早く用意できるかが、親にとっては重要なはず。

多くの人は「もう少し待てばもっといいものがあるかも」とは思うものの、「決断を先延ばしにすることで自分にデメリットがある」ということには気づきません。だからこそ「見えていない時間という価値」を提示するということはとても大事です。

④ご家族の「笑顔の時間」を1日でも早く持つことのほうが、会えるか会えないかわからない可能性を待つよりもずっと大事だと思うのです。

先延ばしにしても「より良い物件」に会えるか会えないかは未知数。

それよりも、改めて優先順位の一番目はどういうことなのか、具体的に情景をイメージしてもらいましょう。本当に大切なものは大切な人との「今」という時間の過ごし方なのです。「広くてきれいな家」だけではなく、「広い台所に立つ奥さんがわくわく料理をしている姿」などをイメージしてもらうことで、それを実感してもらいます。

POINT

中盤で必要なのは「買う動機」をきちんと高めること。これをせずにクロージングに入ると、間違いなく失敗します。お客様の優先順位の重要事項を改めて確認し、具体的な情景をイメージしてもらい、「商品の価値」を訴求することが大事です。

[終盤]「でもやっぱり親が大事」を回避するために

和田：さて、まだ不安な点はございますか？

鈴木：基本的には前向きに検討したいと思うのですが、あとは母ですね。もう一度だけ、母と一緒に物件を見させてもらっていいですか？

和田：はい、私もそのほうがいいと思います。ただ、やっぱり鈴木さんが目をつけただけあって他にもほしい人が出てくるかもしれません。別に煽っているわけじゃなくて、不動産って世界にひとつしかないものなので、いつまでもあるとは限らないんです。どうでしょう、お母様に**⑤今から来てもらうのは難しいですか？**

鈴木：えっ、今からですか？

和田：はい、できれば……そのほうがいいと思います。

鈴木：あ、わかりました。電話してみます。

和田：ああ、よかったです！　それが一番早いです。よろしくお願いします。それから鈴木さん、お母様はまたご心配されると思うのです。けれど、あの家を買って、あの家の持ち主になって、あの家に住むのは、周囲にいる「買ったほうがいいよ」と賛成してくれる人でも「買わないほうがいいよ」と反対する人でもなく、奥様とお嬢様と鈴木さんご本人だということを忘れないでください。周囲の人が決断するわけでも責任をとってくれるわけでもないですよね。だからこそ、**⑥鈴木さんがちゃんと決心して、周りには「もう決めたことだから。一生懸命がんばるから応援してくれよ」と伝えてほしいのです。**それに、**⑦これは一家の主である鈴木さんご本人が、自分の家族のためにされたご決断なので**

すから。

鈴木：おっしゃる通りです。

和田：だからお母様に見ていただくのは当然なのですか、もう揺るがないようにご自身でお決めになって、「どうしても受験前に間に合わせたいからこれに決めた」と報告してください。「どうしたらいい？」と相談されるのではなく。

鈴木：そうですね！　決めてしまえばあとはがんばるしかないわけですし。うん、決めます。この家にします。契約します。

和田：わあ、うれしい！　ありがとうございます。その前に「お母さんやお父さんが泊まれるような部屋ができるのが何よりうれしいんだよ」と付け加えるのも忘れないでくださいね（笑）。

鈴木：あはは、あまりうるさく言われたら嫌だけど、そうですね、決めたからリフォームの意見くれとか言えば母も喜びそうです。では、よろしくお願いします。

解説

⑤今から来てもらうのは難しいですか？

⑥鈴木さんがちゃんと決心して、周りには「もう決めたことだから。一生懸命がんばるから応援してくれよ」と伝えてほしいのです。

クロージングで大事なのは「すぐ、具体的な行動をしてもらうこと」。人は流されやすい生き物です。「家を買うぞ」と心に決めていても、時間が過ぎるとまた不安になって、そんなときにお母さんに会って「アンタ苦労するわよ」と言われたらまた、気持ちがぐらぐらと揺らいでしまいます。そこで流されてしまうということは、お客様にとって、何のプラスにもならないと私は思っています。

未来あるお子さんの成長を横においてしまうということになるのです。お客様のことを真剣に考えるからこそ「今、行動してもらう」「具体的に〝こう言ってくださいね〟を示す」ことが実はすごく大事なのです。

⑦これは一家の主である鈴木さんご本人が、自分の家族のためにされたご決断なので

すから。

ここでは「あなたの決断ですよ」ということを明確にしておきます。人は自分の「決断」にはあとで文句が言えないのです。できるだけ責任をとるという意識が生まれます。**しかし、決断を自分以外の誰かにしてもらったり、もしくは、「これは自分で決めた」という意識が薄いと、あとになって「〇〇さんが言ったから」「〇〇さんの意見だったし」と責任転嫁しかねません。**

でも、人って自分で決断して自分で責任をとるからこそ成長でき、成功できるのですよね。自分で決めたという実感はだからこそとても大事なのです。

POINT

商談を締めくくるクロージング。これ次第で、これまでしっかり積み上げてきたお客様との関係や、考えてきた「お客様がハッピーになるための道筋」を形にできるか、あるいはすべて崩してしまうかが変わります。ゆっくりと丁寧にお客様の気持ちに最後まで寄り添いながら背中を押してください。

まとめ

1 優先順位づけで、お客様の心を整理する

たとえば、友人の恋愛相談に乗るときははっきり問題が見えるのに、実際自分が恋人と喧嘩をすると感情的になってしまう。ありがちなことだと思います。問題の渦中にいるほど人は感情にかき乱されたり、大事なことを見失ってしまうのです。本当の目的を見い出し、そのことに本人が気づくように誘導して、一緒にハードルを越えていく。これがクロージングの醍醐味です。

2 お客様の購入後の「わくわく」を演出する

契約がとれたからといって、そこで終わりではありません。お客様は購入してからがスタート。だから買ったあとになって、周囲にどうやって説明したらいいのか？　お金を払っていけるか？　など、解決したはずの問題がまた浮上したりもします。

人はいつも不安を探してしまいがち。せっかく契約までこぎ着けたのに、購入後の不安でキャンセルになってしまうのは本当に辛いこと。ですから、契約後の流れ（商品が届く、サービスが始まる、など）をできるだけ具体的に、わくわくを気持ちで伝えて、お客様に「いい決断をした！」という実感を持ってもらってください。

case 03

化粧品営業▼本人にとって商材が高額の場合

「高いお金を出して失敗するのは怖い……」と言われたら

シーン説明

ここはデパートの化粧品売り場。何げなく商品を見ている女性たちに、各コーナーの担当は笑顔で「よろしければお試しされてみませんか？」と声をかけています。そこに新商品の化粧水を手にとって見ている佐藤さんという女性がいました。接客担当（営業）は明るく声をかけ、カウンターに案内しましたが、彼女はイスに腰をかけるなり困った顔で「すみませんが、私こういう高価な化粧品にまったく興味なくて、今日は時間つぶしで見ていただけで……」と、かなりの拒否反応を示されました。このような状況で、相手に少しでも興味を持ってもらい、話を聞いてもらうにはどうしたらいいのでしょう？　では購入にいたらなかった失敗編からチェックしましょう。

✕やってしまいがちなトーク 失敗編

営業：そうですよね、高ければいいってものじゃないですよね。しかし、弊社の化粧水は独自の成分を採用し、肌の奥の細胞まで水分を届け、それにより肌質改善をしていく画期的な商品なんですよ。

佐藤：はい。それはわかるんですが。今日は待ち合わせの時間の合間に時間をつぶしていただけで……。

営業：でも、これも出会いですから、良さだけもわかってもらえたらって思っています。

佐藤：あーはい。……でも、私は一本1000円くらいのもので十分なんです。

営業：そんな1000円のものとはぜんぜん違いますよ！　うちの商品はとことん成分にこだわっていますし、実際に効果が出たというお喜びの声もたくさん届いています。ここであきらめるのはもったいないですよ。

佐藤：いや、あきらめるとかではなくて……。高い化粧品は必要ないかなって。

営業：みなさんそうおっしゃいます。だからこそ使っていただいて実感してもらい……。

佐藤：あの時間がなくなったので、待ち合わせしているので。

（佐藤さんは逃げるように行ってしまいました）

▼解説

まったく買う気がないのに「この商品は〇〇で……」と商品の良さをアピールされても誰だって不快になり即、逃げたくなります。このように説明する側が相手の気持を理解しようとせずに自分の都合だけで話をすると、「買わされる」というネガティブな印象を持たれてしまうからです。

自分にとって「必要ない」と決めつけている方には、まずは買ってもらうことよりも、自分への価値をみとめてもらい、わくわくさせることが大事になります。

○YESを引き出すトーク 成功編

［序盤］お金がかかる＝悪、この前提をどうやって払しょくする？

和田：確かにそうですよね、高ければいいってものじゃないですよね。ちなみにいつもはおいくらぐらいのものをお使いなんですか？

佐藤：1000円程度です。

和田：わぁ、じゃあ、この化粧水10倍もしちゃいますね。確かにシンプルなほうがいい場合もありますものね。それで足りちゃうなんて、とても羨ましいです。私は自分の肌に自信がないし、加齢は止められないので、ある程度の栄養は与えてあげたいから、これを使っているんですよ。

佐藤：へーっ、そうなんですか？

和田：はい、実は私も若いときは佐藤さんと同じように1000円のお化粧品とかで過ごしていたんですが、やっぱり潤いも張りも若い頃と同じとはいかなくて必死になって栄養をお肌にあげているって感じです。昔は日焼けしても、すぐに戻ったのに、今はじわじわシミになってしまいますから。佐藤さんはそんな経験ないですか？

佐藤：はい、それは感じています。あの……やっぱり、少しは気にしたほうがいいんですか？

和田：いえいえ、それはご本人さま次第ですが……。やっぱり、ずっときれいでいたいと思うなら、少しはお肌もいたわってあげたほうがいいのは事実です。佐藤さんもせっかくおきれいな肌をされているので、このまま維持されてほしいです。

佐藤：そっか……。

和田：（化粧水をおつけしながら）佐藤さんも「ずっときれいでいたい」って思われますよね？

佐藤：まあ、それは、そうですね。

和田：それなら、この化粧水がどうとか関係なく他のものでもいいので、もうちょっとだけいいものを与えてあげたほうがいいかもしれません。

佐藤：ええ、やっぱりそうですか？

和田：いや、絶対というわけじゃないですが、植物にもときどき栄養剤を与えてあげますよね？　そのほうがきれいな花が咲きますよね？　それと同じです。

佐藤：はい……。

和田：せっかく、もっときれいなお花が咲くのにもったいないなぁ……って。

佐藤：でも、いくらなんでも、10倍もする化粧水なんて自分にはもったいないですよ。私には1000円で……十分。

和田：あ！　その気持すごくわかります。私も以前はそう思っていたんですよ。でも、お化粧品に限らず、洋服でも下着でも食べるものでも、「自分にはもったいない」と思うっていうのは自分のことをないがしろにしているってことだとわかったんです。佐藤さんも、もう少し自分を大事にしてもいいんじゃないかな。

①**〝私にはこの程度〟というのが自分の金額です。実際に買えるとか、買えないとかじゃなくて。**

佐藤：なるほど……。

和田：それから、下着でもお化粧品でも、いいものを身につけていると今日は良いものを使っているんだという意識が芽生えます。だから、それだけのことで背筋が伸びたり笑顔が変わったりするんです。相乗効果もあるんですよね。

佐藤：そうですね……。それって大事ですよね。

▼解説

①〝私にはこの程度〟というのが自分の金額です。実際に買えるとか、買えないとかじゃなくて。

多くの人は、「自分の買える範囲のもの」をあらかじめ決めています。これがあるから無駄遣いをしなくてすむし、金銭管理ができるのですからすごく大事なことです。

しかし、ちょっとがんばったら出せる金額でも「私にはもったない」とか「私はこの程度でいいのだ」というふうに、勝手に制限している人も少なくありません。それはまるで「自分の価格」のようです。だから、自信がなく見えて輝けないのです。

たとえ、同じものを身につけていても「今は買えなくても未来はこれを身につける価値が私にはある」と思っている人のほうが、「私はこの程度」と思っている人より自信があり、決断力もあり、結果、本当に価値がある自分になっていくのです。
私はお客様、みなさんに幸せになってほしいからこそ、自分の価値をもっと高くもってもらうようにしています。

POINT

現代の社会では、自分自身を過小評価している人が多いといわれています。「自分はこの程度」と自分の価値を低く設定してしまい、そのため、金銭的には決して買えないわけではないのに、「私には高すぎる」という反応になってしまいます。まずはこの思い込みを外していくことをしない限り、どんな商品の良さをアピールしてもYESには導けません。

[中盤]お金を払う価値はわかった。
けれど清水の舞台から飛び降りる踏ん切りがつかない。

佐藤：うーん、とはいえこの化粧水1万円ですよね。さすがに、これは高すぎる……。

和田：そうですね～、確かに。1万円を超えるとなかなかハードルが高いですよね。

佐藤：はい。

和田：ただ、今よりはもうちょっとだけ自分の可能性に投資をされてもいいかな、とは思います。だって、佐藤さん、たったの1000円ですからね。

佐藤：あはは……。確かにちょっと手抜きし過ぎてますかね。

和田：まずは、できる範囲でやっていったらいいのではないかと思います。

佐藤：はい、そうですね。

和田：けれど、あくまでも、ちょっとがんばったらできるという範囲ですよ。化粧品のせいで、食事もできないとかって本末転倒ですもん。

佐藤：実は……。毎月貯金しているんです。

和田：えっ、だったら大丈夫ですね！　銀行に預けるよりも自分に投資したほうがいいです。貯金もしつつ、自分にも投資して、楽しむってことが大事なんです。

佐藤：貯金してないと、これから何があるかわからないから不安なんです。

和田：そうですね。実際、今の若い女性は貯蓄額が多いそうです。でも、今から老後の心配をして、今の時間を楽しめないって、それこそ人生の時間がもったいないですよね。

佐藤：うん、わかります。

和田：貯金額が増えていくことも大事だけど、「今、輝くこと」のほうがもっともっと大事ですよね。今を楽しんでキラキラしていることで、仕事はもちろん、恋だってうまくいきますよね。

佐藤：はい。そのほうがいいですね。

和田：ええ、きっかけはたった一本の化粧水かもしれないけれど、その一本で「きれいでいよう」という意識が生まれます。だから、さらに美意識が高くなりどんどんきれいになっちゃうんです。安い金利で貯金するより、**②自分に投資したほうが利回りがいいでしょ？**

佐藤：あはは、そうですね、そう思います。

▼解説

②自分に投資したほうが利回りがいいでしょ？

自分への投資は何より自分次第で結果が出せます。それは、同時に「自分の可能性を信じる」ということになるからです。すべては自分次第、投資を100％成功させたければ自分が努力すればいいだけなのです。もちろん、プレッシャーもありますが、だからこそ行動が変わります。だから、自己投資ってすごく価値があるのです。

POINT

普段よりも高額な商品を買うわけですから（それが「化粧水」であっても「車」であっても）、「無駄遣いじゃないかな」「この値段なら他の〇〇も買えるな」などの不安が生まれるのは当然。だからこそ、今それを手にすることで価値が最大化できることをきちんと伝えるべきです。明日でなく、今日からすぐに行動が変わったほうが絶対に得をするんだ！　という信念を持って、お客様と向き合うことで、相手の不安は消えていくのです。

[終盤]「最後の不安」を取り除く

佐藤：じゃあ、せっかくだから1回使ってみようかな……。私、何事も三日坊主なのでちゃんとケアが続けられるかは心配なんです。

和田：私もそういうタイプなので不安な気持ちがよくわかります。でも、今回は大丈夫ですよ。

佐藤：え？　どうして？

和田：だって高いからもったいないし、元を取ろうってなりますもの。**③それに効果がわかってくるから楽しくなって続くんです。**

佐藤：ああ……、そうなんですね。

和田：いきなり山に登って「登山楽しい〜」ってなりますか？　最初はしんどくって、辛くって、でも登頂して感動して。それで、楽しさを身体で覚えてまた登る。これが継続です。使ってみて楽しくなるから続くんです。大丈夫ですよ。

佐藤：はい。わかりました。

和田：ただ、どうしても金額面で続かないということになれば、もう少し安いものもあります。それに変更されてもいいんです。最初は土台をつくるのでいいものを使ったほうがいいですが、ある程度土台が完成したら、もっと安いもので濃度はちょっと薄いけれど、成分は変わらないものに変えたらいいと思います。**④無理に高い商品を続けないでいいです。**いろいろな方法がありますので安心してください。

佐藤：よかった。それなら、できそうです。ありがとうございます！

和田：じゃ、ここからやってみましょうか？

佐藤：はい、やってみます！

解説

③それに効果がわかってくるから楽しくなって続くんです。

好きだから続くのではなく、「はまる」から続くのです。だからこそ、それが楽しくなるまでとことんやってみて、「はまる」ことになれば大成功。やってもいないうちに、続くか続かないかを考えるのはナンセンス。

④**無理に高い商品を続けないでいいです。**

無理に「安いもの」をすすめているわけではありません。いざとなったら、他にも方法があるという「安心材料」を見せてあげているのです。続かなくなる人は、ちょっとでも壁にぶつかると、「どうしたら続けることができるか？」と考えないで、すぐに「もう無理かも……」と投げだしてしまいがち。ですので、そうなる前にもっとハードルの低い他の方法を伝えておきます。これも不安を取り除く方法です。

POINT

化粧品などの商品は「消耗品」です。今日限りの「お買い物」ではなく、その後もずっと投資が続くので、「払っていけるかな」という不安が生まれてしまいます。

ここでは、「続けることは難しくない」ということを楽しそうに伝え、「それならできそう」と感じてもらうことが何より大事です。

まとめ

1 お客様には、高額商品を使う価値がある！

「高額化粧品を使っても自分には意味がない」「もっときれいになることを夢見るほど、自分に自信がない」、高額商品を毛嫌いする人の中には、そういった考えを持つ方が多くいます。あなたはもっときれいになれる！と、お客様の未来をもっとキラキラさせてあげましょう。

2 今の自己投資が、一番の資産

お金には価値を何倍にも「できる使い方」と「できない使い方」があります。箪笥でただ貯金をするというのは、後者の使い方。今の自分に投資することこそ、将来の資産を何倍にもできるのだということをきちんとお客様に伝えましょう。

3 失敗もまた学びである

「大金を投資したのに失敗したらどうしよう……」「今回も三日坊主でがんばれなかったらどうしよう……」というお客様の不安は大きなもの。これを完全に払しょくすることは難しいでしょう。でも、その状況をプラスに転じることはできます。「今回続かなくても、自分の向き不向きを知るということが価値だ」とプラスに転換することも、購入するきっかけになる安心材料のひとつです。

case 04

「今、忙しいし、すぐに必要なわけじゃないからゆっくり考えます」と言われたら

フィットネスクラブ▼緊急性がなく即決できない場合

シーン説明

フィットネスクラブに太田さんという30代の男性が見学にいらっしゃいました。通勤はもっぱら車、現在内勤で経理をしていて、毎日スポーツができない状態とのこと。ぽってりしてきたお腹周りのぜい肉も増え、ここ3年で7キロも太ってしまい体重増加を気にしているようです。ただ、「仕事が忙しいし暇になってからでもいいかな。今だと通えるかどうかわからないしなあ」と決めかねていらっしゃいます。

彼のようにやりたい気持ちはあるけれど「今すぐでなくても……」と、ついつい先延ばしにしてしまう人はとても多くいます。このようなシチュエーションのとき、どのように背中を押してあげればいいのでしょうか。

×やってしまいがちなトーク 失敗編

営業：ご見学されて、いかがでしたか？

太田：すごくいいですね。ただ、通えるかどうかとか、もうちょっと考えようかなと。

営業：そうですか、でも大丈夫ですよ。減量プランには、お客様の状況によってプロのインストラクターがマンツーマンで指導できるプランもあります！　通いやすいものを自由にお選びいただけます。

太田：う〜ん、でも今は仕事が忙しいので、時間に余裕ができたときに改めて考えてみようかな。

営業：そうですか……。でも、もうすぐキャンペーン期間が終りますし、今がお得なんですよ。

太田：はい……。でも、とにかく考えます。

（空気がどんよりして、太田さんは居心地悪そうにしている）

営業：わかりました。ではいつまでお考えですか？　明日、お電話差しあげましょうか？

太田：いえ、私のほうからしますので大丈夫です。
営業：ああ……そうですか。では、落ち着かれた頃、またご連絡いただけますか？
太田：そうします。

解説

私がブリタニカ社で営業をしていたとき、お客様の断り文句の上位に入っていたのが、この「今忙しい」でした。みなさん口を揃えて、「少し落ち着いたときにゆっくり考えたい」と言われました。でも、90％以上の方がその後「やっぱりやります」と戻ってくることはありません。

今、時間をつくりだすことができないなら、明日もこれからの未来も同じなのです。そして、何も変われないのです。だからこそ、「今、忙しい」をついつい言い訳にしてしまう人に対して営業は決してひるまずに思いやりを持って、「今、動く」ことの大切さを伝え背中を押さないといけません。いつなんどきも営業は、「すべての人の〝未来〟は今日の決断からつくられる」ということを忘れてはいけないのです。

では、どうすればいいのでしょうか？

YESを引き出すトーク 成功編

[序盤]お客様の「続けられるか心配」という不安をわくわくに変えていく

和田：だいたいのご見学が終わりましたが、太田さんのなかで、何かわかりにくい点とか聞いておきたいことなどはございますか？

太田：はい。ただ、すごく良いと思うのですが……通えるか心配です。

和田：それはそうですよね。①**今ここに、通われている方のほとんどが、最初はそうおっしゃってました。**

太田：そうなんですか……？

和田：はい。ただ、先ほどご覧になったように、通われているみなさん、汗だくですごく熱心だったでしょう？　最初は太田さんと同じように続くか心配だったんです。でも筋力がつけば、見た目だけでなく健康や自信、他にもいろいろなものが身について、楽しくなっていらっしゃるようです。

太田：そういうものなんですね。

和田：はい。太田さん、今でも続いている趣味はありますか？

太田：はい、実は釣りが好きなんです。けっこう大きな魚釣っているんですよ。

和田：すごい！　太田さん、それって最初から釣れましたか？

太田：いいえ、最初はあまり……。じっとしていられなくてね。

和田：でも、だんだん楽しくなったんですよね？

太田：はい。お金がかかっちゃって。

和田：実はジムも同じです。②**釣りと同じように面白くなってくれば、「もっとやりたい！」って思えるようになってきます。動いてみたら継続できるのです。太田さんなら大丈夫。**

太田：そうか……。それなら続けられるかな。

和田：はい、楽しくなる前が辛抱です、釣りのようにね（笑）。

解説

①今ここに、通われている方のほとんどが、最初はそうおっしゃってました。お客様は営業の言葉よりも「他の人はどうだったのか？」が、とても気になります。

ですから、必ず「みなさん」とか「ほとんどの方が」という言い方をします。実際それは事実なので伝えたほうがいいでしょう。

②釣りと同じように面白くなってくれば、「もっとやりたい！」って思えるようになってきます。動いてみたら継続できるのです。太田さんなら大丈夫。

ご自身が継続されていることがあれば、それと比較してイメージしやすくします。

また「〇〇さんなら大丈夫」という言葉は、自信を持ってもらうために何度も言ってあげるといいでしょう。

POINT

今まで先延ばしにしていたことを、いざやろうとなると大抵の人は、今までやってこなかった不安材料を言いたくなります。これらの不安は肩についたホコリみたいに、すぐにはらってあげられるものなので、こちらが大げさに受けとめず、「これはあまり心配しなくても大丈夫ですよ」と、笑顔で言いましょう。お医者さんに笑顔で「たいしたことないですよ」と言ってもらうと安心するのと似ています。

［中盤］お客様のわくわくを大きくして「いつか」を「今」に変える

太田：このプランにしようかと思いますが、忙しいので暇になってから、通いたいです。

和田：そうですよね、よくわかります。経理のお仕事をされているということでしたが、お仕事が終わるのも遅いということでしたよね。

太田：はい、いつも残業ばっかりなんです。

和田：そっか……。じゃあ、③**太田さんはいつごろ暇になりますか？**

太田：えっ？　いや、まったく見当がつかないです。

和田：やっぱりそうですよね。そして、そんな環境だからこそ、身体を動かす機会がなくて身体がなまってくるんですよね。

太田：はい。そうなんですよね。

和田：はい、だからこそなんです。太田さんの生活はこのままずっと同じ状態で続きます。そして、日々筋力は衰えていってしまい、代わりに……ごめんなさい。正直にいいますが、ぜい肉が増えていっているんですよね。だから、④**卵が先か、にわとりが先か、みたいな話になっちゃうんですが、現状を変えたい、もっと体力をつけたい、痩せてかっこよくなりたいって、心から思っているのなら、1日でも早いほうがいいです。**それに……太田さんの現状をお聞きする限り、これから先もなかなか暇はやってこないように思うんです。

太田：ああ、そうですね。ぜんぜん楽になりそうにないです。でも、現実的に忙しいのは事実でして……。

和田：そうですよね。ただ私、⑤**太田さんの未来をわくわくでいっぱいにしてほしいんです。今のまま何もしないでいることのほうが、大きな不安になっているか**

らです。

太田：はい。でも……時間をつくって通えるものでしょうか？

和田：先ほど、始めるとどんどん楽しくなるって言いましたが、釣りだって楽しくなってきてから、どうにか時間をつくって行ってますよね？

太田：そうです。確かに時間を工面していっています。

和田：だから、大丈夫。最初は少し大変かもしれませんが、そのうちに時間をつくるコツが身についてきて、〝明日はジムだから残業にならないように、前日に仕事を片づけておこう〟と時間がつくれるようになりますよ。お酒の誘いも断れたりします。⑥**「成功者は走り出してから考える」と言います。やってみたら、なんとかなって、それら全部が手に入ることになるってこと！　なんだかわくわくしますね！**

太田：先に動くってことですね。

和田：はい。ちなみに、「いつかはやりたい」と思いながら、やれてないことって他にもありますか？

太田：あります。えぇっと……、家の片づけとか。

和田：ふふふ。そうですよね。わかります！「いつかそのうち」って思いながら、やってないんですよね。でも、1週間って英語言うと、Monday、Tuesday、Wednesday……と続くでしょ？でも1週間にはSomeday、つまりは「いつか」ってないんです。やってこない「いつか」を待っていても人生は変わりません。やってみることで人生が変わるんです。

太田：なるほど。

和田：だから、まずはスタートを切るんです。それがチャンスをつかむ生き方です。

太田：うん。確かに！

▼解説

③太田さんはいつごろ暇になりますか？

「忙しい」と人は反射的に言います。そして事実として時間がないという人が多くいらっしゃいます。しかし、すべてを「忙しいから、時間ができたら」という言葉で片づけてしまうと、「じゃあ、いつ時間がつくれるのか？」という重要なことを考えていないことが多いのです。**ここで質問をすることで、お客様は「ドキっ」として、心に気づきを起こします。**

④**卵が先か、にわとりが先か、みたいな話になっちゃうんですが、現状を変えたい、もっと体力をつけたい、痩せてかっこよくなりたいって、心から思っているのなら、1日でも早いほうがいいです。**

時間ができてから、お金ができてから……と、行動できない人が多いのですが、実際は動いてみないとお金も時間も生まれないのです。**決断して行動しない限り人は変われないのです。そこをしっかり伝えましょう。**

⑤**太田さんの未来をわくわくでいっぱいにしてほしいんです。今のまま何もしないでいることのほうが、大きな不安になっているからです。**

続けられるか、時間がつくれるかという「不安」よりも今、このまま何もしないで時間が過ぎていくほうが、ずっと大きな「不安」です。失敗を避けたいがゆえに、今なんのために時間を使うのが大事なのかを見失っていることに、ご自身で気づいてもらいます。

⑥「成功者は走り出してから考える」と言います。やってみたら、なんとかなって、それら全部が手にはいることになるってこと！　なんだかなんかわくわくしますね！

自転車に乗れるかどうか考えていても永遠に、乗れませんよね？　とにかくペダルを漕いで、転んだりしながらも前に進もうとする行動があってこそ、「できる」ようになるのです。「成功者は走り出してから考える」と言いますが、やるからこそ、問題が解決できて、できるようになるのです。

POINT

決断を先延ばしをして来た人は「何もかも準備が整ってからやる」という完璧主義の人が多くいらしゃいます。そのため、やってみると簡単にできることを、やってみる前から、あえて難しく考えてしまう人が多いのです。ここでは、「考える前に行動する」

ことで、いかに良い結果をもたらすのかなどを伝え、それがとてもシンプルで簡単なのだいうイメージを持ってもらいます。

[終盤]「自分に自信を持ってもらう」ことで自分の未来を信じてもらう

和田：ところで、太田さん。痩せて筋力をつけたら、もうちょっと欲を出して、フルマラソンとかトライアスロンとか挑戦しちゃうとかどうですか？

太田：そうですね。できればそうなったらいいなとは思いますけど、僕には無理ですよ～。おデブが小デブになるくらいで、今はいいです。

和田：あはは。今はそれでいいかもですね。でも、もっと「大きな目標を持つ」って、大切なことなんです。

太田：そういうものですか？

和田：はい、あのひとつだけいいですか？

太田：はい。

和田：⑥あの、ジムに申し込んだからって必ず痩せるわけじゃないんです。通って、ときには食事も気をつけてと、いろいろと制限もかかります。だから「こうなるんだ！」という決意が必要なんです。小デブ程度でいいとか言わないで、もっと大きな目標を持って、小デブになるのは途中経過だと思っていてほしいんです。

太田：小デブ目標……って、確かに情けないですね。最初から逃げ腰でした。でも、僕なんかにできるのでしょうか？

和田：はい、大丈夫です。

太田：今、かなり太ってますけど。

和田：だって、身体を動かす環境にいないのですから、当たり前ですよ。誰だってその環境にいたら太ります。太田さんの体質とかそんなことじゃないんです。とにかく、自信もってください。

太田：はい、なんだかわくわくしますね。ありがとうございます！

和田：とにかくもう先延ばしにしちゃダメです。

太田：はい、ではやります！　和田さん宜しくお願いします！

▼解説

⑥あの、ジムに申し込んだからって必ず痩せるわけじゃないんです。通って、ときには食事も気をつけてと、いろいろと制限もかかります。だから「こうなるんだ!」という決意が必要なんです。

ここでは、ちょっと現実の話をします。すぐに痩せるとか、すぐにきれいになるとかは嘘ですよね。やっぱり本人もがんばらないといけない。だから、誠実に本当のことを伝えましょう。この人には嘘がないと思ってもらえることから、信頼が生まれるのです。

POINT

目標設定はできるだけ高いほうが、行動に変化が起きるので達成率が上がります。

しかし、今の自分に自信がないと消極的なゴールしかイメージできません。

そこで、まずは「今までできなかったのはあなたのせいじゃない」「新しい方法でやれば必ず成果を出せるんだ」ということを伝えて、自分の可能性を信じてもらいます。

そして、よりわくわくできるイメージを持ってもらうのです。

まとめ

1 時は金なり。チャンスは何度もやってこない

「今は忙しいけど、いつかはやってみたい」。多くのお客様はそうおっしゃいます。でも大抵の場合、その「いつか」はやってきません。「いつか」「いつか」が口癖になると、「やりたいけどやっていないリスト」が山積みになり、時間だけが過ぎ、何の成長も得られないことがあります。本当に相手のことを思うなら、ときには鋭い突っ込みをして、「時間は大きな資産」ということに気づいてもらうことが大切です。

2 お客様の未来を信じて、今スタートをきってもらう

「先延ばし」と「理想の未来が実現できる可能性」は振り子のようなもの。「先延ばし」すればするほど、未来は遠のいていきます。だからこそ、先延ばしを許すということは、「嘘のやさしさ」でもあります。本当のやさしさとは、お客様の未来を信じ、一歩を踏み出すお手伝いをすること。あなたがお客様の未来を信じられるかどうかで、お客様の人生が変わっていくという覚悟を持ってくださいね。

case 05

歯科医師▼お金のハードルが越えられず決めれない場合

「どうしても必要ってわけじゃないし、安いほうにします。今はいいです」と言われたら

シーン説明

虫歯になり歯科医に駆け込んだ中西さんは、歯に被せ物をすることになりました。彼女自身、どうせ治療するのなら、美しい見栄えのものでつくりたいなと思っています。そこで歯科医が見栄えのいい歯は保険が使えないので、値段がかなり上がるということを説明したところ、「どうしても必要ってわけじゃないし……」と、かなり消極的になってしまいました。

彼女のようにほしい気持ちはあるけれど、お金の話を聞いた途端に、「今すぐでなくても……」と躊躇する人はとても多いのですが、このようなシチュエーションのとき、どのように背中を押してあげればいいのでしょうか。

✕やってしまいがちなトーク 失敗編

歯科医：ここの歯は笑うとよく見えるので、そうですね。やはり白い素材がいいかと思います。しかし、セラミックは保険がきかないので費用がかかってくるんですよ。

中　西：あー、そうなんですか。それはいくらくらい？

歯科医：いやその……。だから、銀のような保険のきく材料でもできますけれども。

中　西：はい

歯医者：ええ、保険を使われた場合には5000～6000円ですが、セラミックの場合は一本10万円です。

中　西：10万円!?　うわ～高いんですね。

歯科医：それは、やはり元から素材がぜんぜん違うのと、精度も違うっていうことなんですよ。だから、結果的に長持ちするので得なんです。安いもので治療すると、5年で割れてしまうこともあって……。

中　西：じゃあ5年ずつくらい、というか毎年検診に来て診てもらえば大丈夫なんですか？

歯科医：5年ごとに変えようとすれば、その時点でまたひと回り、歯を削らなきゃいけなくなるということです。一番大切なのは、被せものではなくて、中の自分の歯をどれだけ長く残してあげるかっていうのが……。

中　西：うーん、でも、今はまだ困っていないし、今すぐでなくてもいいです。5年後にまた考えたらいいいってことだし……。そのときに考えます。

歯科医：いや5年後にね、歯が残らないようになっていたら、それこそ今度は、前と後ろの、何も削ってない健康な歯を削って、ブリッジにするとか、ここを抜いてインプラントにするとか、もっと大変なことになる可能性も……。

中　西：そうですねー。うーん、でも、歯磨きがんばって……。やっぱり5年間は、維持しようと思います。

歯科医：わかりました……。では定期検診には来てください。

解説

この例を見て「歯医者さんが営業?」と思った方がいるかもしれません。

しかし、歯医者さんも売り上げがないと、閉院することになってしまいます。そのため、歯医者さんも営業しなくてはいけません。

また、身体の一部になるもののことですから、すぐに壊れたり、虫歯になってしまう素材よりも、より良い素材をすすめるのは当然のことといえます。良いものとわかっていて、それでいいてほしいのに、そこまで贅沢しなくても事足りてしまうものを目の前にしたとき、ほとんどの方が迷うのです。

他の安いもので代用できるのにわざわざ高いものを選ぶというとき、人はそれを「贅沢」ととらえ、投資することを躊躇します。このようなときどうしたら、より良いものを購入いただけるのでしょうか?

○YESを引き出すトーク【成功編】

［序盤］商品説明の前に「無理して買わなくても大丈夫」という逃げ道をつくる

和田：ここの歯は笑うとよく見えるので、そうですね、やはり白い素材がいいかと思います。しかし、セラミックは保険がきかないんで費用がかかってくるんですよ。

中西：あー、そうなんですか。それはいくらくらい？

和田：保険を使われた場合には5000～6000円ですが、セラミックの場合は1本10万円です。

中西：10万円!?　高いですね。

和田：**①はい、すごく高いのです。だから無理しないでいいですよ。**

中西：はい、ちょっとお金がかかり過ぎるので、そんなに高いものではなくて、今、間に合っていればいいです。だから、やっぱり、保険のきく範囲内でやりたいなと思います。

和田：はい、もちろんです。一応、それはもうご希望に沿うような形で治療をさせていただくのが私どもの仕事ですので、そのようにさせていただきたいと思っています。

中西：はい。

和田：ただ医師として、一番良い治療法のご提案だけはさせていただきたいっていうのがあるんです。

中西：わかりました。

和田：これはお金がかかるなーとか、やっぱり、私ちょっと出せないなーというところを、**②まずお金のことを頭の隅においてもらっていいですか？**

中西：はい。

和田：私は治療をするときに、この方が、なんとか入れ歯でなくずっと自分の歯で、食べたり飲んだりできるようにしてあげたいって、心から思うんです。できれば、身体によくない金属は使いたくないと。

中西：はい、そのほうがいいですよね。

解説

①はい、すごく高いのです。だから無理しないでいいですよ。

いきなり高額なものをすすめられると、人は誰だって躊躇します。そんなときに「商品の説明」をどんどんしてしまうと、余計に頑なになってしまうのです。**相手に反論したりせず、まずは相手の不安や要望はいったん受け止めることが大切です。**

②まずお金のことを頭の隅においてもらっていいですか？

「高い」「払えない」という思い込みを持ったままでは、耳を閉ざしてしまいまったく話を聞いてもらえません。まずはお金のことを隅においてもらって切り離し、「無理！」というこびりついた思考を外してから本題に入ることで、素直に話を聞いてもらえるのです。

POINT

「高い！　無理！」という最初に出てくる抵抗を、まずは取ってあげること。買うという前提ではなく、あくまでのひとつの情報として話をするというスタンスでいきます。

[中盤]先延ばしは損であると真摯な態度で伝える

和田：正直に申し上げまして、私は個人的には保険が下りる治療っていうものは、あまりおすすめしてないんです。

中西：そうなんですか？

和田：はい。身体の中に入れるものですから、お金があるとかないとか関係がなく、自分の身体の一部として使うなら、こっちがいいというものをおすすめしたいです。

中西：はい。

和田：いいものを使えば1回の治療で長く保てて、さらには身体にも害なく健康に良いってことですよね。噛んだり、食べたりすることって命の源ですよね？

中西：ですね……。

和田：だから、食べられなくなっちゃうと、すべてがダメになります。人間の命をつないでいるのは食べるということです。で、その食べるという行為そのものに影響するのが、歯なんです。

中西：はい。

和田：だから、とても大事なんです。中西さんは噛めなくなったり、食べられなくなるときって、けっこう落ち込みませんか？

中西：そうですね、もう痛くてとか、ダメです。食べられないだけで、やる気もなくなりますね。

和田：あと、笑うと歯が汚れているっていうだけで、笑うのさえ嫌になりませんか？

中西：はい、それはぜったいに嫌ですよね

和田：**③それって「明日でいいや」ってことじゃないですよね。できるだけ早く手に入れたいことですよね。**食べることも笑うことも毎日のことですからね。なので、きれいな歯でいることとか、おいしく食べられることとか、自分の歯であることとか、そういうことって本当に大事なんです。変色しやすい歯とか、身

体に良くない金属の歯とかは、やっぱり使わないほうがいいんです。

中西：はい。確かにそうです。

解説

③それって「明日でいいや」ってことじゃないですよね。できるだけ早く手に入れたいことですよね。

人は必要なものであっても「面倒だから」「とりあえずこのままで」と先延ばしにしてしまいます。だから、見て見ぬフリをしながら、そのうちそのうちと放置してしまうことが多いもの。しかし、今日も笑って、今日も食べるわけです。**ここでは、先延ばしにしても損するだけということを理解してもらいます。**

POINT

お金に対する抵抗を取り去ったあとは、いったん「売ること」や「買ってほしい」という感情を横においておいて、「本当に大事なこと」「本当に必要なこと」を相手のために純粋に一生懸命伝えます。そうすると、どんどんお客様（この場合は患者さん）はだんだん素直になっていきます。

［終盤］目先にとらわれず長くご満足いただける「本物の価値」を語る

和田：それで、先ほどお金のことは横においといて、と言いましたけれど、私自身が伝えたいのは投資するっていうことです、歯に。

中西：歯に投資……？

和田：はい。歯に投資するんです。普通の方は値段を聞くと「まあいいや、保険がきくほうで」とおっしゃることが多いんです。だから、普通は歯科医もそんなに説明しません。でも私は、「保険がきくから」と言い、しょっちゅう交換し、最終的には持たなかったっていうよりも、長持ちして見た目の良いのにしたほうがいいと思っています。やっぱり身体にも良いことが、何ものにも替えられないことだと思っているんです

中西：はい、そうですね。

和田：ヨーロッパの人たちって、家具を200〜300年も使われますよね。

中西：はい、私、アンティーク家具が大好きなんですよ。

和田：しっかりしたものをつくって、長く長く使う、だけど最初は高い。

中西：そうですね、いいものって味がでてくるし……。

和田：はい、たとえば、④**ここに100万円のお家がありました。で、100万円のお家を買って、住んで、3日で壊れる。**

中西：ふふふっ。

和田：1000万円だと？

中西：壊れない！

和田：はい、そうです。それで中西さん、どっちのほうが良いですか？

中西：お金があれば……。

和田&中西：1000万円！

和田：そうですよね。要は保険とかどうのこうのを抜きにすると、良いものにお金をかけるのはいいなって思われましたよね？

中西：そうですね。

和田：うん。で、さらに言うと、これが家じゃなくて、身体に入れるものなんですよ。

中西：……そうですねー。いいものが良いですよね。

和田：こんなふうに説明するのって、以前は私も抵抗があったんです。無理に高いのをすすめるって、嫌がられるんじゃないかと。でも、もっと良いものがあるのに、紹介しないで終わってしまう医師にはなってはいけないと思うのですよね。お金にちょっといろいろ問題があると思うんですが、それを月々だったらお支払いになれるのかなと思っています。

中西：……はい。いいものにします。そうですね。すごく大事なことを教えてくださってありがとうございます。分割ならできそうですし。いい歯を入れてください。

和田：良かった！　より長持ちするようにメンテナンスもさせていただきますね。
中西：はい。よろしくお願いします。

▼解説

④ここに100万円のお家がありました。で、100万円のお家を買って、住んで、3日で壊れる。

ここのシーンでは、できるだけたとえ話を入れて、イメージしやすい流れをつくっています。歯は身体の一部なので、良いものとか壊れにくいと、いくら言っても自分の目で見るものでないので、わかっていてもイメージがしづらい。そのため、わかりやすい家具や家で表現することで納得感が生まれるのです。

もちろん、高いものがすべていいわけではありませんし、安くても世の中にはいいものがたくさんあります。しかし、現実として手間がかかったり、素材が良ければ、値段が高くなって当たり前です。

どんなものであっても、目先の値段だけで判断せず、その耐久性や素材感などを見

POINT

極めて将来、〝得〟になるものは何か？　気づいてもらうことが大切なのです。

素直に価値を感じてもらえたら、もう一度お金の話に戻していきます。「消費」ではなく「投資」することの重要性を相手がイメージしやすいたとえ話などを、使って理解してもらいましょう。そして、わくわくと前に進んでもらいます。

まとめ

1 お金のハードルを越える「魔法の言葉」

金額を先に伝えなければならないシチュエーションのときは、高額であればあるほど、お客様の気持ちはガクンと下がります。そのため商品説明に入る前に、「無理して買わなくて大丈夫」という逃げ道をちゃんと用意してあげましょう。また金額が頭の中に残っていると思考がそちらに向いてしまうのでお金の話をいったん隅においてもらうことも忘れずに。

2 付加価値は、最大限つける

値段だけで商品の善し悪しを判断すると、“安物買いの銭失い”になりかねません。本当にいい商品は長く使っていただくだけの価値があるということをきちんとお伝えしましょう。同じ10万円でも、将来を見据えた付加価値をいかにプラスできるかが営業の腕の見せ所になります。安くみせるも高くもみせるも、トーク次第ということです。

Chapter 3

成約率98%になるための心がまえ

売れる営業になりたいなら「人間力」を磨け！

さて、この章では、**クロージングの技術を学ぶ前の営業人であるならば、身につけておきたい基本の基本をお伝えします。**営業を始めて間もない人や、自信がない人はここから読んでおくと、よりクロージングがやりやすくなります。

全19個の「チェックリスト」をここに用意しました。

内容は、売れる営業の共通点といえる立ち居振る舞いや、ビジネスマナーの基礎に当たるものです。すごく簡単なので、やってできないことは一つもありません。

もしかしたら、「えっ、こんなことも？」と思われる項目もあるかもしれません。

しかし、次々チェックしていくと、自分の伸びしろが発見できわくわくします。

また、ベテランであるがゆえに、初心を忘れている方もいらっしゃるかもしれません。

商品説明は完璧なのに、お客様が離れていくようなことがあれば、きっとヒントはチェックリストの中にあります。お客様は、営業の言動を不快に思っても、なかなか口に出して教えてはくれないものですからね。

人は物を買うとき、さまざまな不安心理を抱いています。お客様は1円だって損をしたくないので、心から信頼できる相手に、そっと背中を押してもらいたいのです。**だからこそ、数カ月に一度は全チェック項目を見返し、自分自身を問うことを習慣にしてほしいのです。もちろん、毎日だってOK。**いざというときのために、かばんの中にこの本をしのばせて、これらのチェック項目に目を通してから、現場に向かうのもいいでしょう。

「一流の営業」は人としての基本がなっているということ、「人間力が高い」ということでもあります。思っている以上にお客様はあなたのことを観ています。

心から信頼してもらえるように〝人間力〟を磨いてください。

頭を真っ白にして固定観念を捨てる

Check □

熱いお茶が飲みたいとき、湯のみに冷たくなったお茶が残っていたら、あなたはどうしますか？　同じ湯のみで飲むなら、「捨てる」はずですよね。捨てないと熱いお茶が飲めませんから。

この「冷めたお茶」はネガティブな固定観念です。「こんな景気じゃ難しい」「どうせ営業は向いてないんだ」という思い込みがすでにあれば、どんなにいい方法や情報を受け取っても、薄まって冷めてしまい、「でも、でも」と否定してなかなか行動に移せません。思い込みが邪魔をし、どうせ無理という考えが襲ってきて、まったく行動ができないのです。

本当に売れる営業になりたいなら、一度頭を真っ白にして〝どんなことでも、自分の身体を使ってやってみないとわからない〟という精神で取り組むことです。とにかく頭で考える前に、行動するのです。

「トップセールスの自分」をプロファイリングする

Check
□

固定概念を捨てたら、なりたい自分をイメージして、その人がどんな容姿で、どう行動をしているかを具体的に分析します。これをプロファイリングと呼びます。営業セミナーでは「売れる営業ってどんな人？」と質問して受講者にイメージしてもらうのですが、「ハキハキしゃべる」とか「姿勢が良く堂々としている」「いつも明るい笑顔」「声が大きく元気」など、たくさんの答えがすぐに飛び出します。しかし、それがわかっているにもかかわらず「それ、やっていますか？」と聞くと、多くの人が苦笑いで「いいえ」と答えるのです。売れる人がどんな人かはわかっているのに、最初の一歩が踏み出せないのですよね。

だからこそ毎日、朝起きたら売れる人は、「どんな顔？」「どんなしゃべり方？」「どんな服かな？」とプロファイリングして、自分の行動を意識的に変えるのです。まずは形からの一歩です。

Check □

「いらない、忙しい、興味ない」拒絶のベールをはぐ

拒絶されてもすぐに、「ああ、やっぱりダメだ……」「この人は買わないな」と決めつけてしまわないこと。なぜって、**それは本当の拒絶ではないからです。**拒絶には〝ほしそうな顔をして期待させちゃ悪いから、興味がない顔をしておこう〟という「思いやり拒絶」や、〝（デートの誘いなどで）すぐにYESと言うとガツガツしてそうだから、1回は用事があるって言っておこう〟という「かっこつけ拒絶」、〝今は面倒くさいから、またあとでいいや〟という「後回し拒絶」などがあります。

だから、話を聞いてもらえれば「やりたい」「ほしい」にすぐ変わることもあります。商品説明をする前に、すっかりあきらめてしまうのは、逆に相手に機会を与えていなくとても失礼な話です。**「いらない」＝「知らない」ということだと思っておいてください。**

Check □

「嫌われる勇気」より「好かれたい気持ち」を優先する

まず、売れるようになりたいなら「媚びている」と言われてもいい、と腹をくくること。営業は売ってなんぼ、愛されてなんぼの世界なのです。この世界において、「人は好きな人から物を買う」という基本原理を忘れてはいけません。商売は人間関係で成り立っています。

それは「嫌われたくない」という感情のように、後ろ向きなものではありません。

好かれるにはどうしたらいいか？　を積極的に考えて行動していくことが、「好かれたい」、しいては「売りたい」になるのです。それでも「私は人から好かれたいと思わない」と言うのなら、営業などは辞めてしまって、どうか人に会わない山奥にでもこもっててください。と、いうのは言いすぎだけれど、とにかく、好かれたいという欲求を持ち続けていることが大事なのです。

笑顔キープと笑顔締め

Check

新人の頃、高圧的な態度を取る人が苦手でした。威張って話を聞いてくれそうにない人が前にいると、私は緊張して笑顔が消え、空気をどんよりさせてしまっていたのです。そんな空気をつくってしまっては、もう「売る」というどころではなくなってしまいます。だからこそ、空気をなんとか上げていこうと思い、せめて第一印象が決まる5秒間だけでも、笑顔を維持しようと決意しました。**「こんにちは」と言ってから、「にこ～」とするのです。**

それが効果てきめん。相手も次第に軟化し、空気が明るくなります。これだけのことなのに、売上が伸びたのです。空気を上げるために、とにかく笑顔を5秒キープ。最初に忘れてしまっても、カバーできます。「私は〇〇という会社のものです」とついでに文末に「にこっ」と笑顔で締めれば、印象はグッと良くなります。今日から、キープと締めを実践しましょう！

禁句禁止

Check □

「難しいですね」。これは売れない人（仕事で成果を上げられない人）の口癖です。

いったん「難しい」と言ってしまうと、その難しいという意見を立証するために思考が自動的に「今は時代がこうだから」「だいたい予算が出るはずないし」「そんな時間あるはずもない」など、たくさんの「難しい理由」を見つけて、「だから無理」という結論をやってもいないうちに出してしまいます。これでは何も起きません。

確かに世の中に「難しい」ことはたくさんあります。しかし、「ありえない」と言われてきた世紀の発見や、「可能性はない」と言われていた手術の成功など、あきらめないで行動した結果、不可能が可能になったことだって世の中にはたくさんあります。**営業ならばその「可能性」を見い出せないといけません。**それは、お客様と自分のなかにある可能性を探すことでもあります。だからこそ、お客様の未来を信じて背中を押せるわけなのです。

決断するにはカウントダウン10秒しかない

Check □

もしあなたが「Aランチか Bランチ、どっちにしようかなあ」というような簡単な決断のシーンで迷ったら、10秒以内で決断するクセをつけてください。

「どうしよう」となったら、自分のなかで「10、9、8、7、6……」とカウントダウンしてさくっと決断するわけです。

そんなことを繰り返していると、どんどん決断することが早くなり、悩んでいる時間がなくなり、行動力がついてきて、挑戦が増え、自信がついて、人に意見を言えるようになり、人生が変わっていきます。

他のページでも書きましたが、売れている営業の多くは共通して、決断がとても早くて、どんなシーンでも「じゃあ、そうします！」と即決しているのです。

あきらめの悪いやつと言わせる

Check □

こんな話を聞きました。昔、ゴールドラッシュの時代、あるところで金が発掘され、そのうわさはたちまち広がり、大勢の人がそこに詰めかけました。ホテルができて、レストランができ、その街はにぎわいました。しかし、あるときから、掘っても掘っても金が出なくなり、発掘用の重機をせっかく買った男たちももうこれ以上、掘っても金が出ないと思い街を去りました。それから3日後、何も知らない旅人が街に来て、捨てられてあったシャベルで大きな穴を掘ってみたら金が出てきたそうです。

あと一掘りのところに、金があったということ。私はいつも「もう今日は終わろう」と思ったときに、この話を思い出し、「あと一掘りだ、あと1人だけ」と思ってアプローチをして、本当にその最後でアポイントを取ったりしていたのです。見込み客を見つけるには行動量がものをいいます。今日1日の最後はとことんあきらめの悪いやつになるのです。「終ろう」と思ったとき、あと1件、あと1人だけ動いてください。

「言葉」の穴を3回掘る

Check □

掘るのはアプローチのときだけではありません。自分が使っている言葉の意味も深掘りしていきます。たとえば、住宅販売をしていて、「ご家族が快適で住みやすい家をおすすめします」と言ったとします。意味はわかりますが、具体的なことが抜けています。

「快適」って何？　「住みやすい」ってどういうこと？　温度調節でしょうか？　いや、天井が高くて気分がいいことでしょうか？　キッチンが広くて料理がしやすいことでしょうか？　空気がきれいな場所なのでしょうか？　まだまだありますが「快適」の意味がわからないので、いまいち相手に届かないのです。「快適」の内容がすべて手に入ったとしても、それがどうしたのか？　人生がどのようになって、未来はどんなふうに幸せになっているのか？　そんなふうに、何回も深掘りして、より相手にイメージしてもらいやすい説明をしてください。言葉を3回以上は深掘りするのです。

Check

あなたが好きなんだ。だから知りたいんだ。という気配を放出！

とにかく相手に興味を持つこと。基本は「○○さん」と名前を連呼してください。まるで、２つのスポットライトが相手だけを照らすように目をキラキラさせて（男性ももちろん）。

他の人に目もくれず相手だけを見つめて、悲しい話でない限り口元に微笑を残してください。そして、相手の話しやすい話題をしてください。

たとえば、相手が「野球が好き」だと言ったら、「ああ、私は野球知らないし、ダメ、その話題」とならずに、たとえ野球に興味がなくても「野球好きな人」に興味を持つことです。人そのものに興味を持つと、「いつから野球やっているのかな？」「どこのポジションかな？」「甲子園を目指したのかな？」「今はどこでやっているのかな？」など相手を知りたい質問がどんどん出てきます。

売れる営業が肝に銘ずる「3つの思考」

Check □

売れる営業の基本は「陽転思考」「単純思考」「感情移入」です。

これら3つの〝思考癖〟を身につけることで着実に売れるのです。陽転思考は、たとえば「ミスをした」という事実に対し、ただ落ち込むのではなく、ひとつでもいいので「良かった探し」をすること。「大きなミスをする前に勉強不足に気づけて良かった」と前向きに捉えること。ネガティブ思考に引っ張られることなく切り替えが早くなります。これができないと、商品のセールスポイントや人の長所も探せないのでほめるのも下手で、マイナス思考のためお客様までもネガティブにしてしまいます。単純思考でなく、複雑思考では変に勘ぐったり、素直に周りの意見を聞けないので上達しません。感情移入とは、ディズニーランドでミッキーの耳をつけて無邪気になれる能力。これがないと表現が乏しく楽しくないので、人をわくわくさせることができません。よって、売れるはずがないのです。

言ってることとやってることに嘘がある人は売れない

Check □

もし、自分の販売している商品やサービスを嫌いだとか自分では使いたくないだとか、そういうふうに思っているのなら、お客様に、「これいいですよ」と言いながらそれをすすめるあなたは「嘘つき」になります。

生活のために稼がないといけないという人もいるし、その気持もわかりますが、**嘘をついて売っていると心が汚れます。そして、いつしか心が壊れます。**

極論を言うようですが、そんな仕事は辞めてしまってください。

どうせ営業をするのなら、自分が使いたい商品やサービスを売ったほうがいいです。絶対に10倍は売れるようになります。

ご飯一膳分のカロリーで、お客様の話を聞く

Check

□

クロージングを成功させる上で、営業が「聞き上手」であることは当然のこと。人は、自分の話を親身になって聞いてくれる人に好感を持つし、好きな人から商品を買いたいもの。また、自分の話を興味津々で聞いてくれることで、お客様の自尊心は上がります。自尊心が上がって自信がつけば、決断が早くなります。

では、「興味津々な聞き方」って具体的にどんな聞き方でしょう？　それは、「話し手におヘソを向けているか」「全身で相づちを打っているか」「うなずいているか」、そして「目を見ているか」。

神経を研ぎすまし全身全霊で相手の話を聞くのです。だから、聞き終わったときにお腹が空いていないとおかしいのです。

Check □

相づちは大げさくらいがちょうどいい

「聞き上手」を学ぶために、私の部下たちは、私が商談しているところをビデオに撮っては、繰り返し研究していました。

表情のつくり方、間の取り方、相づちのタイミングなど、それらすべてをマスターしようと思ったら、**とことん見て真似するのが一番早いからです。ぜひ、参考にできる人は、どんどん真似してものにしていってください。**

たとえば、明石家さんまさんは、最高の聞き上手だと思いませんか？　いつも「ブハッ、ホンマか？　ヒーヒーヒー！」とハイテンションで笑うさんまさんを見ていると、さして面白くないネタも、プッと笑えてしまう。「何やそれ、おもろいなぁ」と大きく相づちを打たれたタレントさんは、みんなとてもうれしそうで自尊心も上がっています。聞き上手になるために一番大切なことは、「私はあなたに興味を持っています」という姿勢を全力で相手に示すことです。

お客様の未来を見て提案する

Check □

お客様の話を聞きながら、営業はよりお客様のことを知るために、質問を重ねていきます。ここで重要となるのは、「どんな質問をすれば効果的」なのか。

その答えが知りたくて、勉強熱心な人ほど「質問型営業」などのノウハウを懸命に学ぶのですが、トーク集をずらりと並べても、依然売れるようにならないのはなぜでしょう。

それは、最終的なゴールを「契約」に設定しているから。たとえば、「健康で長生きできたほうがいいですよね？」とか、「いつまでも若々しい美肌でいたいですよね？」という質問はいかにも誘導的で、買いますの「ＹＥＳ」に導こうとしているのが見え見え。

ゴールは、あくまでお客様が本当にほしいと思う「未来」に設定してください。

直球ではなくゆる～いカーブで質問する

Check □

質問をする上で営業がやるべきことは、お客様に叶えてほしい未来を描くこと。健康維持をサポートする商品をすすめたいスタンスは変わらないのだけれど、こちら側が〝決めつけた〟言い方で攻めるのは、誘導的ととられかねません。そのためここでは、健康器具を販売しているなら「将来お孫さんのお顔が見たいですよね？」とか、「どのみち長生きをするなら、１日でも長く健康でいられるほうがいいですよね？」というゆる～い聞き方をします。

英会話教室の場合も同じで、直球で「英語を習いたいですか？」と聞いてしまうと、お客様は「いらない！」と拒否したくなります。そこで質問に少しアレンジを加えて、「英語は話せないより話せたほうがいいですよね？」と質問します。**商品を売りつけるのではなく、あくまでお客様がほしい未来を叶えることがゴールであることを忘れないでください。**

話すのはお客様がほしい情報だけ

Check □

「話がうまいのに、なぜか売れない」。そんな覚えのある人は、〝話し過ぎ〟の可能性があります。

意外なようですが、話がうまいことと、売れる営業になることとは、まったくの別物なのです。それなのに、商品説明で求められもしないのにベラベラとしゃべってしまうのは、自分に酔っているだけで、お客様にとっては何のメリットもありません。

同じく、企画書に書いてあることを隅から隅まで読み上げるのもＮＧ。

営業は、商品説明に入る前に「聞く&質問する」のコミュニケーションを経て、お客様が知りたい情報を聞き取っているはずです。だから、話さなくてはいけないのは、お客様がほしい情報だけ。

お客様に不必要な情報はガンガンはしょって、整理した情報を伝えるよう心がけてください。

専門用語は使わない

Check □

商品説明をするときにやってしまいがちなミス。それは、専門用語を多用したマニアックな説明をしてしまうことです。「僕は○○のエキスパートで、これだけ知識があるんだ」とドヤ顔で自慢しても、仕方がないのです。たくさん商品の勉強をしている営業ほど、つい〝情報通〟の立ち居振る舞いをしたくなるものですが、これは不親切な振る舞いです。

営業の仕事は、あくまでわかりやすい言葉で伝えること。

馴染みのない専門用語でまくしたてられたら、お客様は、「うん、うん」とうなずきながら、実はまったく聞いていないことがあります。それどころか、「知らなかった」ということでプライドが傷つけられるようなことがあったならば、その営業から商品を買うことはまずありません！

〝最高級の提案〟でイニシアチブをとる

Check □

商談の場で効果を発揮するのが、〝最高級の提案〟です。

たとえば、こんな感じです。「英語を勉強するなら留学するのが一番早いですが、お客様は日本で仕事をし、生活されているので現実的に難しいですよね。でも、日本にいてもなるべく英語に触れる頻度を高めるほうがいいに決まっています。お忙しいとは思うのですが、頑張って通える回数は週に何回だと思いますか？」と、最初に「留学して英語漬け」という最高級の話をしておいて、そこから現実的な路線に落とし込んでいくテクニックです。

こうすることで、お客様も今、自分にできること（可能性）を考え始め、「うーん、頑張って週2回ですかね」と一歩前に進んだ答えを出してくれます。

おわりに

「いい商品があって、毎日、お客様と会っているに、どうして売れないのですか？」
98％の成約率をたたき出していた頃の私は、同僚や先輩にあっけらかんとしてこんなことを言っていました。

なんだか嫌な奴ですよね。悪気がなかったとはいえ、私のこの言葉で、売れなくて凹んでいる人を傷つけたかと思うと、ずしんと心が痛みます。

けれど、あの頃の私は、無邪気に「私の話を聞いてさえくれれば、誰だって喜んで買ってくれる」と信じきっていました。心から純粋にそう思っていたのです。まるで「売れないこと」など、この世に存在しないとでもいうように。

今振り返ると、この強い気持こそが売れるためには、すごく大事だったのだとわかります。

確かに私は嫌な奴だったかもしれないし、誰かを傷つけたかもしれない。けれど、何の疑いも持たず「売れる！」と信じきっていたからこそ、売れに売れまくったのだと思うのです。

考えてみてください。本当は売れるようになりたいのに、売れまくることを「信じられない」と言ったり、トップセールスの人を「あの人は特別だから」と変人扱いする。これって、矛盾していますよね。〝売れないこと〟を肯定してしまっているのですから。そんな人がお客様の背中を押せるわけがないし、ましてや、一番になれるわけもないのです。

うまくいかなくて気分が沈んだりすると、なかなか物事に前向きになれないこともあります。でも、自分が成長していく過程は旅の途中。今日の結果が出なくても、すぐに成約率がアップしなくても、焦らず自分を信じて進んでください。

旅は終っていません。その先に必ず、自分の心の成長という成果が待っています。そして、信じて、信じて、信じて、信じ抜いてやり続けた先に、ちゃんと結果がついてきます。絶対に大丈夫です。

あなたはすばらしいです。あなたの商品もすばらしいです。たとえよくある商品でも、高額であっても、最先端でなくても、必ずほしいと思う人がいます。「あなたから買いたい」という人が必ずいます。だから売れて、当たり前。めちゃくちゃ売れていいのです。それでもまだ不安なら、商品を喜んで使っている人の声を聞いてみることです。扱っている商品が信用できないなら、その商品を売ることは思い切ってやめてください。安心して自分が信じることができる仕事をしたら、結果は出るようになるはずです。

それから、もっと体感して学びたい、やる気を維持したいときは、いろいろなことをやっていますので、ぜひＷｅｂサイトにアクセスしてみてください。

さて、本書を読み終わった「今」はまだ「山の麓」です。そこに山があるなら、あとは登るだけ。この本を読み終わった瞬間が、あなたのスタートです。

著者

【著者紹介】

和田 裕美（わだ・ひろみ）

◉——和田裕美事務所 代表取締役。営業コンサルタント。京都府出身。

◉——英会話学校の事務職を経て、外資系教育会社に入社し営業職に。プレゼンしたお客様の98％から契約をもらうという「ファンづくり」営業スタイルを構築し、日本でトップ、世界142カ国中２位の成績を収めた女性営業のカリスマ。

◉——短期間に昇進を重ね、女性初、最年少で２万人に１人しかたどりつけないといわれる支社長となる。その後独立し、営業・コミュニケーションなどの講演、研修を国内外で展開。「売れない営業」から「売れる営業」に変わるというセミナーは毎回完売するほど人気がある。本書は好評を博した同名タイトルのDVDの内容をベースに書籍化したもの。

◉——著書にベストセラー『世界No.２セールスウーマンの「売れる営業」に変わる本』（ダイヤモンド社）、『和田裕美の人に好かれる話し方』（大和書房）の他に、『人生を好転させる「新・陽転思考」』（ポプラ社）、10年目になる『和田裕美の営業手帳』（ダイヤモンド社）など多数ある。

公式サイト　http://wadahiromi.com/

カバー写真ⓒEsben Emborg/ゲッティイメージズ

成約率《せいやくりつ》98%の秘訣《ひけつ》　〈検印廃止〉

2015年 5 月 1 日　第１刷発行
2021年 4 月 27 日　第11刷発行

著　者——和田　裕美Ⓒ
発行者——齊藤　龍男
発行所——株式会社かんき出版
東京都千代田区麴町4-1-4 西脇ビル　〒102-0083
電話　営業部：03(3262)8011㈹　編集部：03(3262)8012㈹
FAX　03(3234)4421　振替　00100-2-62304
http://www.kanki-pub.co.jp/

印刷所——ベクトル印刷株式会社

ISBN978-4-7612-7081-0 C0034